EIN ECHTER TRIUMPH DER TROPISCHEN KÜCHE

100 köstliche Gerichte von Sunny Shores auf Ihren Tisch

LION OTTO

Urheberrechtliches Material ©2024

Alle Rechte vorbehalten

Kein Teil dieses Buches darf in irgendeiner Form oder mit irgendwelchen Mitteln ohne die entsprechende schriftliche Zustimmung des Herausgebers und Urheberrechtsinhabers verwendet oder übertragen werden, mit Ausnahme von kurzen Zitaten, die in einer Rezension verwendet werden. Dieses Buch sollte nicht als Ersatz für medizinische, rechtliche oder andere professionelle Beratung betrachtet werden.

INHALTSVERZEICHNIS

INHALTSVERZEICHNIS **3**
EINFÜHRUNG **6**
TROPISCHES FRÜHSTÜCK **8**
    1. Tropisches Omelett 9
    2. Ananas-Chia-Pudding 11
    3. Tropischer French Toast 13
    4. Goldene Waffeln mit tropischen Früchten 15
    5. Tropischer Frucht-Crêpes 18
    6. Tropischer Kokosnusspudding 20
    7. Tropische Pfannkuchen 22
    8. Tropische Joghurtschale 24
    9. Tropische Frucht-Smoothie-Schüssel 26
    10. Mango-Kokos-Pfannkuchen 28
    11. Tropische Acai-Schüssel 30
    12. Kokos-Mango-Quinoa-Frühstücksschüssel 32
    13. Papaya-Limetten-Frühstücksparfait 34
    14. Tropischer Frühstücks-Burrito 36
    15. Kokosnuss-Bananen-Brot 38
    16. Tropische Frühstückstacos 40
    17. Tropischer Avocado-Toast 42
TROPISCHE SNACKS **44**
    18. Tropische Snackmischung 45
    19. Tropisches Cocktail-Ceviche 47
    20. Tropische Zitronen-Proteinhäppchen 49
    21. Tropische Walnusspizza 51
    22. Ananas-Kokos-Energiekugeln 53
    23. Tropische Fruchtspieße 55
    24. Kokos-Limetten-Popcorn 57
    25. Kokos-Limetten-Guacamole 59
    26. Kokosgarnelen 61
    27. Tropische Müsliriegel 63
    28. Tropische Mango-Salsa-Roll-Ups 65
    29. Gegrillte Ananasspieße 67
    30. Kokos-Bananen-Häppchen 69
    31. Tropischer Joghurt-Dip 71
    32. tropischer Fruchtsalat 73
TROPISCHES STROMNETZ **75**
    33. Cremiger tropischer Fruchtsalat 76
    34. Tropisches Ananashuhn 78
    35. Probieren Sie The Tropics Shrimps 80

36. Karibisches gegrilltes Schweinefleisch mit tropischer Salsa 82
37. Hummerschwanz mit gegrillten tropischen Früchten.........................84
38. Tropischer Schwarzbohnensalat mit Mango 87
39. Tropische Reisschale 89
40. Tropische Schweinefleischspieße..92
41. Jamaikanisches Jerk Pork..94
42. Mango-Curry-Tofu 96
43. Karibischer Quinoa-Salat mit schwarzen Bohnen und Mango........99
44. Hawaiianisches Teriyaki-Huhn..101
45. Kokos-Limetten-Garnelen-Curry 103
46. Jamaikanische Curry-Ziege..105
47. Fisch-Tacos im karibischen Stil...108
48. Mit Mango glasierter Lachs..110
49. Karibisches Gemüsecurry..112
50. Jerk Chicken mit Mango-Salsa..115
51. Hawaiianische BBQ-Schweinerippchen..117
52. Karibisches Grillsteak mit Ananassalsa 119

TROPISCHE DESSERTS 121

53. Pavlova mit tropischen Früchten..122
54. Tropisches Margarita-Sorbet...125
55. Tropisches Kokos- und Ananas-Gelato 127
56. Tropscher Trüffel 129
57. Tropisches gerolltes Eis 131
58. Tropisches Fruchtmousse...133
59. Tropisches Fruchtsorbet 135
60. Mango-Kokos-Chia-Eis am Stiel 137
61. Mango-Kokos-Panna Cotta 139
62. Piña-Colada-Cupcakes 141
63. Passionsfrucht-Mousse 143
64. Mango-Klebreis 145
65. Guaven-Käsekuchen 147
66. Ananas-Upside-Down-Kuchen 150
67. Kokosnussmakronen..153
68. Ananas-Kokos-Eis...155
69. Kokosnuss-Reispudding 157
70. Mango-Kokos-Tarte..159
71. Papaya-Limetten-Sorbet 162
72. Kokos-Bananen-Pudding 164
73. Ananas-Kokos-Crumble 166

TROPISCHE GETRÄNKE 168

74. Tropisches Wasser...169
75. Tropisches Paradies 171
76. Tropischer Eistee 173

77. Würziger tropischer grüner Smoothie 175
78. Tropischer Mandarinen-Smoothie 177
79. Tropischer Quinoa-Smoothie 179
80. Tropicala 181
81. Piña Colada 183
82. Erdbeer-Daiquiri 185
83. Tropische Margarita 187
84. Blauer hawaiianischer Cocktail 189
85. Mango-Mojito-Cocktail 191
86. Kokoslimonade 193
87. Tropische Sangria 195
88. Wassermelonen-Limetten-Kühler 197
89. Mango-Grüntee 199
90. Tropischer Punsch 201
91. Hibiskus-Eistee 203
92. Tropischer Eiskaffee 205

TROPISCHE GEWÜRZE 207
93. Ananas-Papaya-Salsa 208
94. Mango Salsa 210
95. Kokos-Koriander-Chutney 212
96. Tamarinden-Chutney 214
97. Passionsfruchtbutter 216
98. Papayasamen-Dressing 218
99. Guaven-BBQ-Sauce 220
100. Mango-Habanero-Sauce 222

ABSCHLUSS 224

EINFÜHRUNG

Verwöhnen Sie Ihre Sinne auf einer kulinarischen Reise, die Grenzen überschreitet und Sie mit „Ein echter triumph der tropischen küche" an die sonnenverwöhnten Küsten der Tropen entführt. Dieses Kochbuch ist eine opulente Hommage an die lebendigen und vielfältigen Aromen, die die tropische Küche auszeichnen – ein Kaleidoskop von Geschmäckern, die auf dem Gaumen tanzen und die fröhliche Stimmung sonniger Reiseziele hervorrufen. Mit 100 sorgfältig zusammengestellten Rezepten ist diese Sammlung Ihr Weg, die Fülle exotischer Früchte, aromatischer Gewürze und die reichen kulinarischen Traditionen zu genießen, die die tropische Gastronomie ausmachen.

Schließen Sie die Augen und stellen Sie sich eine Landschaft voller palmengesäumter Strände, azurblauem Wasser und lebhaften Marktplätzen voller tropischer Köstlichkeiten vor. Schlagen Sie jetzt dieses Kochbuch auf und lassen Sie sich von ihm dabei unterstützen, Ihre Küche in ein tropisches Paradies zu verwandeln. „Ein echter triumph der tropischen küche" ist mehr als eine kulinarische Reise; Es ist eine Erkundung des lebendigen Geflechts der kulinarischen Traditionen der Karibik, der pazifischen Inseln und Südostasiens.

Vom ersten Schluck eines erfrischenden Cocktails auf Kokosnussbasis bis zum letzten Bissen eines köstlichen Desserts mit tropischen Früchten ist jedes Rezept ein Beweis für die Freude, Festlichkeit und den Reichtum, die die tropische Küche ausmachen. Egal, ob Sie ein lebhaftes Treffen am Strand veranstalten, ein Fest für Ihre Lieben veranstalten oder einfach Ihre täglichen Mahlzeiten mit dem Geist der Inseln erfüllen möchten – diese Rezepte sind darauf ausgelegt, das tropische Fest auf Ihren Tisch zu bringen.

Tauchen Sie mit uns ein in die üppige Welt tropischer Zutaten, lebendiger Gewürze und der Kunst, mit köstlichen Gerichten zu feiern. Vor der Kulisse des azurblauen Himmels und der Sandstrände lädt „Ein echter triumph der tropischen küche" Sie zu einer kulinarischen Reise ein, die die Essenz sonniger Küsten einfängt und Ihre alltäglichen Mahlzeiten zu festlichen Festlichkeiten macht.

Decken Sie also Ihren Tisch mit Farben, die an türkisfarbenes Meer und tropische Flora erinnern, sammeln Sie Ihre Zutaten und lassen Sie die Feier beginnen, während wir in die tropischen kulinarischen Wunder eintauchen, die Sie auf den Seiten dieses Kochbuchs erwarten. Machen Sie sich bereit, die Freude, die Aromen und das ultimative Fest der tropischen Küche zu genießen!

TROPISCHES FRÜHSTÜCK

1. Tropisches Omelett

ZUTATEN:
- 3 Eier
- 2 Esslöffel Kokosmilch
- ¼ Tasse gewürfelte Ananas
- ¼ Tasse gewürfelte Paprika
- ¼ Tasse gewürfelte rote Zwiebel
- ¼ Tasse geriebener Käse (Cheddar oder Mozzarella)
- 1 Esslöffel gehackter frischer Koriander
- Salz und Pfeffer nach Geschmack
- Butter oder Öl zum Kochen

ANWEISUNGEN:
a) In einer Schüssel Eier, Kokosmilch, Salz und Pfeffer verquirlen.
b) Erhitzen Sie eine beschichtete Pfanne bei mittlerer Hitze und geben Sie etwas Butter oder Öl hinzu, um die Oberfläche zu bestreichen.
c) Gießen Sie die Eiermischung in die Pfanne und lassen Sie sie eine Minute lang kochen, bis die Ränder fest werden.
d) Streuen Sie gewürfelte Ananas, Paprika, rote Zwiebeln, geriebenen Käse und gehackten Koriander über eine Hälfte des Omeletts.
e) Falten Sie die andere Hälfte des Omeletts mit einem Spatel über die Füllung.
f) Noch eine Minute kochen lassen oder bis der Käse schmilzt und das Omelett durchgegart ist.
g) Das Omelett auf einen Teller gleiten lassen und heiß servieren.
h) Genießen Sie die tropischen Aromen des köstlichen Omeletts!

2. Ananas-Chia-Pudding

ZUTATEN:
- 1 (13,5 Unzen) Dose Kokosmilch
- 1 Tasse 2 % griechischer Naturjoghurt
- ½ Tasse Chiasamen
- 2 Esslöffel Honig
- 2 Esslöffel Zucker
- 1 Teelöffel Vanilleextrakt
- Prise koscheres Salz
- 1 Tasse gewürfelte Mango
- 1 Tasse gewürfelte Ananas
- 2 Esslöffel Kokosraspeln

ANWEISUNGEN:

a) In einer großen Schüssel Kokosmilch, Joghurt, Chiasamen, Honig, Zucker, Vanille und Salz verrühren, bis alles gut vermischt ist.

b) Verteilen Sie die Mischung gleichmäßig auf vier (16-Unzen) Einmachgläser.

c) Abdecken und über Nacht oder bis zu 5 Tage im Kühlschrank lagern.

d) Kalt servieren, mit Mango und Ananas garnieren und mit Kokosnuss bestreut servieren.

3.Tropischer French Toast

ZUTATEN:
- 4 Scheiben Brot
- 2 Eier
- ½ Tasse Kokosmilch
- 1 Teelöffel Vanilleextrakt
- 1 Esslöffel Honig oder Ahornsirup
- Prise Salz
- Geschnittene Bananen und Mangos als Belag
- Ahornsirup oder Honig zum Beträufeln

ANWEISUNGEN:
a) In einer flachen Schüssel Eier, Kokosmilch, Vanilleextrakt, Honig oder Ahornsirup und Salz verquirlen.
b) Tauchen Sie jede Brotscheibe in die Eimischung und lassen Sie sie auf jeder Seite einige Sekunden einweichen.
c) Eine beschichtete Pfanne oder Grillplatte bei mittlerer Hitze erhitzen und leicht mit Butter oder Öl einfetten.
d) Die eingeweichten Brotscheiben in der Pfanne von beiden Seiten goldbraun braten.
e) Den French Toast auf Servierteller verteilen.
f) Mit geschnittenen Bananen und Mangos belegen.
g) Mit Ahornsirup oder Honig beträufeln.
h) Genießen Sie die tropische Variante des klassischen French Toasts!

4. Goldene Waffeln mit tropischen Früchten

ZUTATEN:

Dattelbutter
- 1 Stange ungesalzene Butter, Zimmertemperatur
- 1 Tasse grob gehackte entkernte Datteln

WAFFELN
- 1 ½ Tassen Allzweckmehl
- 1 Tasse grob gemahlenes Grießmehl
- ¼ Tasse Kristallzucker
- 2 ½ Teelöffel Backpulver
- ½ Teelöffel Backpulver
- ¾ Teelöffel grobes Salz
- 1 ¾ Tassen Vollmilch, Zimmertemperatur
- ⅓ Tasse Sauerrahm, Zimmertemperatur
- 1 Stange ungesalzene Butter, geschmolzen
- 2 große Eier, Zimmertemperatur
- 1 Teelöffel reiner Vanilleextrakt
- Kochspray mit Pflanzenöl
- Geschnittene Kiwis und Zitrusfrüchte, gehackte Pistazien und reiner Ahornsirup zum Servieren

ANWEISUNGEN:
Dattelbutter:
a) Butter und Datteln in einer Küchenmaschine zerkleinern und dabei ein paar Mal den Rand abkratzen, bis eine glatte Masse entsteht. Dattelbutter kann bis zu einer Woche im Voraus zubereitet und im Kühlschrank aufbewahrt werden; Vor Gebrauch auf Raumtemperatur bringen.

WAFFELN:
b) Mehl, Zucker, Backpulver, Natron und Salz in einer großen Schüssel vermischen. In einer separaten Schüssel Milch, Sauerrahm, Butter, Eier und Vanille verrühren.

c) Die Milchmischung mit der Mehlmischung verquirlen, nur um sie zu vermischen.

d) Das Waffeleisen vorheizen. Mit einer dünnen Schicht Kochspray bestreichen. Gießen Sie 1 ¼ Tassen Teig pro Waffel in die Mitte des Eisens und lassen Sie ihn fast bis zum Rand verteilen.

e) Schließen Sie den Deckel und kochen Sie es 6 bis 7 Minuten lang, bis es goldbraun und knusprig ist.

f) Aus dem Bügeleisen nehmen und mehrmals schnell zwischen den Händen hin- und herschwenken, um Dampf abzulassen und die Knusprigkeit zu bewahren, dann auf einen Rost auf einem Backblech mit Rand legen. Bis zum Servieren im Ofen bei 225 Grad warm halten.

g) Beschichten Sie das Bügeleisen zwischen den einzelnen Chargen wiederholt mit Kochspray.

Mit Dattelbutter, Obst, Pistazien und Sirup servieren.

5.Tropischer Frucht -Crêpe s

ZUTATEN:
- 4 Unzen einfaches Mehl, gesiebt
- 1 Prise Salz
- 1 Teelöffel Puderzucker
- 1 Ei plus ein Eigelb
- ½ Pint Milch
- 2 Esslöffel geschmolzene Butter
- 4 Unzen Zucker
- 2 Esslöffel Brandy oder Rum
- 2½ Tassen tropische Fruchtmischung

ANWEISUNGEN:
a) Für den Crêpe-Teig Mehl, Salz und Puderzucker in eine Schüssel geben und vermischen.
b) Eier, Milch und Butter nach und nach unterrühren. Mindestens 2 Stunden stehen lassen.
c) Eine leicht gefettete Bratpfanne erhitzen, den Teig umrühren und daraus 8 Crêpes zubereiten. Warm halten.
d) Für die Füllung die tropische Fruchtmischung mit dem Zucker in einen Topf geben und vorsichtig erhitzen, bis sich der Zucker aufgelöst hat.
e) Zum Kochen bringen und erhitzen, bis der Zucker karamellisiert. Den Brandy hinzufügen.
f) Füllen Sie jeden Crêpe mit den Früchten und servieren Sie ihn sofort mit Sahne oder Crème fraîche.

6. Tropischer Kokosnusspudding

ZUTATEN:
- ¾ Tasse altmodische glutenfreie Haferflocken
- ½ Tasse ungesüßte Kokosraspeln
- 2 Tassen Wasser
- 1¼ Tassen Kokosmilch
- ½ Teelöffel gemahlener Zimt
- 1 Banane, in Scheiben geschnitten

ANWEISUNGEN:
a) In einer Schüssel Haferflocken, Kokosnuss und Wasser vermischen. Abdecken und über Nacht kalt stellen.
b) Übertragen Sie die Mischung in einen kleinen Topf.
c) Milch und Zimt dazugeben und bei mittlerer Hitze etwa 12 Minuten köcheln lassen.
d) Vom Herd nehmen und 5 Minuten stehen lassen.
e) Auf 2 Schüsseln verteilen und mit den Bananenscheiben belegen.

7. Tropische Pfannkuchen

ZUTATEN:
- 1¾ Tassen altmodische Haferflocken
- 1½ Teelöffel Backpulver
- 1 Teelöffel Backpulver
- ½ Teelöffel Zimt
- ¼ Teelöffel Salz
- 1 reife mittelgroße Banane, zerdrückt
- 2 Esslöffel Kokosöl, geschmolzen
- 1 Esslöffel Ahornsirup
- 1 großes Ei
- 1 Teelöffel Vanilleextrakt
- ¾ Tasse 2 % fettarme Milch
- ½ Tasse vollfette Kokosmilch aus der Dose
- ½ Tasse fein gewürfelte Ananas
- ½ Tasse fein gewürfelte Mango

ANWEISUNGEN:
a) Alle Zutaten außer Ananas und Mango in einen Mixer geben.
b) Die Mischung im Mixer pürieren, bis eine glatte Flüssigkeit entsteht.
c) Den Pfannkuchenteig in eine große Schüssel füllen.
d) Ananas und Mango unterrühren.
e) Lassen Sie den Teig 5 bis 10 Minuten ruhen. Dadurch kommen alle Zutaten zusammen und der Teig erhält eine bessere Konsistenz.
f) Eine beschichtete Pfanne oder Grillplatte großzügig mit Pflanzenöl einsprühen und bei mittlerer bis niedriger Hitze erhitzen.
g) Sobald die Pfanne heiß ist, geben Sie den Teig mit einem ¼-Tassen-Messbecher hinzu und gießen Sie den Teig in die Pfanne, um den Pfannkuchen zuzubereiten. Verwenden Sie den Messbecher, um den Pfannkuchen zu formen.
h) Backen Sie den Pfannkuchen, bis die Seiten fest sind und sich in der Mitte Blasen bilden (ca. 2 bis 3 Minuten). Drehen Sie dann den Pfannkuchen um.
i) Sobald der Pfannkuchen auf dieser Seite gar ist, nehmen Sie ihn vom Herd und legen Sie ihn auf einen Teller.

8.Tropische Joghurtschale

ZUTATEN:
- Ananasstücke, in Scheiben geschnitten
- Kiwi, geschnitten
- Mangoscheiben
- ½ Tasse griechischer Joghurt
- Kokoschips
- gehackte Haselnüsse

ANWEISUNGEN:

a)   Den griechischen Joghurt in eine Schüssel geben und mit Obst und anderen Toppings belegen.

9.Tropische Frucht-Smoothie-Schüssel

ZUTATEN:
- 1 reife Banane
- 1 Tasse gefrorene Mangostücke
- 1 Tasse gefrorene Ananasstücke
- ½ Tasse Kokosmilch
- Belag: Kiwischeiben, Kokosraspeln, Müsli, Chiasamen

ANWEISUNGEN:
a) In einem Mixer die Banane, die Mangostücke, die Ananasstücke und die Kokosmilch vermischen.
b) Mixen, bis eine glatte und cremige Masse entsteht.
c) Den Smoothie in eine Schüssel geben.
d) Mit geschnittener Kiwi, Kokosraspeln, Müsli und Chiasamen belegen.
e) Genießen Sie Ihre erfrischende Smoothie-Bowl mit tropischen Früchten!

10. Mango-Kokos-Pfannkuchen

ZUTATEN:
- 1 Tasse Allzweckmehl
- 1 Esslöffel Zucker
- 1 Teelöffel Backpulver
- ½ Teelöffel Backpulver
- ¼ Teelöffel Salz
- 1 Tasse Kokosmilch
- ½ Tasse Mangopüree
- 1 Ei
- 2 Esslöffel geschmolzene Butter
- Geschnittene Mango zum Garnieren

ANWEISUNGEN:
a) Mehl, Zucker, Backpulver, Natron und Salz in einer Schüssel verrühren.
b) In einer anderen Schüssel Kokosmilch, Mangopüree, Ei und geschmolzene Butter vermischen.
c) Gießen Sie die feuchten Zutaten zu den trockenen Zutaten und rühren Sie, bis alles gut vermischt ist.
d) Eine beschichtete Pfanne oder Grillplatte bei mittlerer Hitze erhitzen und leicht mit Butter oder Öl einfetten.
e) Für jeden Pfannkuchen ¼ Tasse Teig in die Pfanne geben.
f) Kochen, bis sich auf der Oberfläche Blasen bilden, dann umdrehen und auf der anderen Seite goldbraun braten.
g) Servieren Sie die Mango-Kokos-Pfannkuchen mit geschnittener Mango darauf.
h) Genießen Sie die tropischen Aromen dieser fluffigen Pfannkuchen!

11. Tropische Acai-Schüssel

ZUTATEN:
- 2 gefrorene Acai-Packungen
- 1 reife Banane
- ½ Tasse gefrorene gemischte Beeren
- ½ Tasse Kokoswasser oder Mandelmilch
- Belag: Bananenscheiben, Kiwi, Beeren, Müsli, Kokosflocken

ANWEISUNGEN:
a) In einem Mixer die gefrorenen Acai-Päckchen, die reife Banane, die gefrorene Beerenmischung und Kokoswasser oder Mandelmilch glatt und dick mixen.
b) Gießen Sie die Acai-Mischung in eine Schüssel.
c) Mit Bananenscheiben, Kiwi, Beeren, Müsli und Kokosflocken belegen.
d) Ordnen Sie die Toppings nach Belieben auf der Acai-Mischung an.
e) Sofort servieren und die erfrischende und nahrhafte tropische Acai-Bowl genießen!

12. Kokos-Mango-Quinoa-Frühstücksschüssel

ZUTATEN:
- ½ Tasse gekochte Quinoa
- ¼ Tasse Kokosmilch
- 1 reife Mango, gewürfelt
- 2 Esslöffel Kokosraspeln
- 1 Esslöffel Honig oder Ahornsirup
- Optionale Toppings: Mandelblättchen, Chiasamen

ANWEISUNGEN:
a) In einer Schüssel gekochtes Quinoa, Kokosmilch, Mangowürfel, Kokosraspeln und Honig oder Ahornsirup vermischen.
b) Gut umrühren, um alle Zutaten zu vermischen.
c) Fügen Sie nach Wunsch weitere Toppings wie Mandelblättchen und Chiasamen hinzu.
d) Genießen Sie die tropischen Aromen dieser nahrhaften Kokos-Mango-Quinoa-Frühstücksbowl!

13. Papaya-Limetten-Frühstücksparfait

ZUTATEN:
- 1 reife Papaya, gewürfelt
- Saft von 1 Limette
- 1 Tasse griechischer Joghurt
- ¼ Tasse Müsli
- 2 Esslöffel Honig oder Ahornsirup
- Frische Minzblätter zum Garnieren

ANWEISUNGEN:
a) In einer Schüssel die gewürfelte Papaya und den Limettensaft vermischen. Vorsichtig umrühren, um die Papaya mit Limettensaft zu überziehen.
b) In Serviergläsern oder Schüsseln die Papayamischung, den griechischen Joghurt und das Müsli schichten.
c) Honig oder Ahornsirup darüber träufeln.
d) Mit frischen Minzblättern garnieren.
e) Genießen Sie das erfrischende und würzige Papaya-Limetten-Frühstücksparfait!

14.Tropischer Frühstücks-Burrito

ZUTATEN:
- 2 große Tortillas
- 4 Eier, Rührei
- ½ Tasse gewürfelte Ananas
- ½ Tasse gewürfelte Paprika
- ¼ Tasse gewürfelte rote Zwiebel
- ¼ Tasse geriebener Käse (Cheddar oder Mozzarella)
- Frischer Koriander zum Garnieren
- Salz und Pfeffer nach Geschmack
- Salsa oder scharfe Soße zum Servieren (optional)

ANWEISUNGEN:
a) In einer Pfanne die Rühreier kochen, bis sie gar sind. Mit Salz und Pfeffer würzen.
b) Erwärmen Sie die Tortillas in einer separaten Pfanne oder Mikrowelle.
c) Rührei, Ananaswürfel, Paprikawürfel, rote Zwiebelwürfel und geriebenen Käse auf die Tortillas verteilen.
d) Falten Sie die Seiten der Tortillas ein und rollen Sie sie zu Burritos auf.
e) Optional: Rösten Sie die Burritos in einer Pfanne leicht an, damit sie knusprig werden.
f) Mit frischem Koriander garnieren.
g) Nach Belieben mit Salsa oder scharfer Soße servieren.
h) Genießen Sie die tropische Variante eines klassischen Frühstücks-Burritos!

15. Kokosnuss-Bananen-Brot

ZUTATEN:
- 2 reife Bananen, zerdrückt
- ½ Tasse Kokosmilch
- ¼ Tasse geschmolzenes Kokosöl
- ¼ Tasse Honig oder Ahornsirup
- 1 Teelöffel Vanilleextrakt
- 1 ¾ Tassen Allzweckmehl
- 1 Teelöffel Backpulver
- ½ Teelöffel Backpulver
- ¼ Teelöffel Salz
- ¼ Tasse Kokosraspeln
- Optional: ½ Tasse gehackte tropische Nüsse

ANWEISUNGEN:
a) Heizen Sie den Backofen auf 350 °F (175 °C) vor und fetten Sie eine Kastenform ein.
b) In einer großen Schüssel die zerdrückten Bananen, Kokosmilch, geschmolzenes Kokosöl, Honig oder Ahornsirup und Vanilleextrakt vermischen. Gut mischen.
c) In einer separaten Schüssel Mehl, Backpulver, Natron und Salz vermischen.
d) Geben Sie nach und nach die trockenen Zutaten zu den feuchten Zutaten hinzu und rühren Sie, bis alles gut vermischt ist.
e) Die Kokosraspeln und die gehackten Nüsse (falls verwendet) unterheben.
f) Den Teig in die vorbereitete Kastenform füllen und gleichmäßig verteilen.
g) 45–55 Minuten backen oder bis ein in die Mitte gesteckter Zahnstocher sauber herauskommt.
h) Aus dem Ofen nehmen und das Kokos-Bananenbrot einige Minuten in der Pfanne abkühlen lassen.
i) Übertragen Sie das Brot auf einen Rost, um es vollständig abzukühlen.
j) Schneiden Sie das köstliche tropische Kokosnuss-Bananenbrot in Scheiben und servieren Sie es.

16.Tropische Frühstückstacos

ZUTATEN:
- 4 kleine Maistortillas
- 4 Eier, Rührei
- ½ Tasse gewürfelte Ananas
- ¼ Tasse gewürfelte rote Paprika
- ¼ Tasse gewürfelte rote Zwiebel
- ¼ Tasse gehackter frischer Koriander
- Saft von 1 Limette
- Salz und Pfeffer nach Geschmack
- Optionale Beläge: Avocadoscheiben, Salsa, scharfe Soße

ANWEISUNGEN:
a) In einer Schüssel die gewürfelte Ananas, rote Paprika, rote Zwiebel, Koriander, Limettensaft, Salz und Pfeffer vermischen. Gut mischen.
b) Die Maistortillas in einer Pfanne oder Mikrowelle erwärmen.
c) Jede Tortilla mit Rührei füllen und mit der tropischen Ananassalsa belegen.
d) Fügen Sie optionale Toppings wie geschnittene Avocado, Salsa oder scharfe Soße hinzu.
e) Servieren Sie die köstlichen tropischen Frühstückstacos.

17.Tropischer Avocado-Toast

ZUTATEN:
- 2 Scheiben Vollkornbrot, geröstet
- 1 reife Avocado, geschält und entkernt
- Saft einer halben Limette
- ¼ Tasse gewürfelte Ananas
- ¼ Tasse gewürfelte Mango
- 1 Esslöffel gehackter frischer Koriander
- Salz und Pfeffer nach Geschmack
- Optionale Beläge: geschnittene Radieschen, Microgreens oder Feta-Käse

ANWEISUNGEN:
a) In einer Schüssel die reife Avocado mit einer Gabel zerdrücken.
b) Limettensaft, gewürfelte Ananas, gewürfelte Mango, gehackten Koriander, Salz und Pfeffer hinzufügen.
c) Gut vermischen, bis alle Zutaten vereint sind.
d) Verteilen Sie die Avocadomischung gleichmäßig auf den gerösteten Brotscheiben.
e) Bei Bedarf mit optionalen Belägen belegen, z. B. geschnittenen Radieschen, Microgreens oder zerbröckeltem Feta-Käse.
f) Servieren Sie den tropischen Avocado-Toast als köstlichen und sättigenden Snack oder leichte Mahlzeit.
g) Genießen Sie die cremige Avocado gepaart mit den süßen und würzigen tropischen Früchten!

TROPISCHE SNACKS

18. Tropische Snackmischung

ZUTATEN:
- 6 Tassen Popcorn
- 1 Tasse getrocknete Ananas
- 1 Tasse geröstete Macadamianüsse
- 1 Tasse Bananenchips
- ½ Tasse geröstete Kokosflocken

ANWEISUNGEN
a) In einer großen Schüssel alle Zutaten gut vermischen.
b) Sofort servieren oder in einem luftdichten Behälter aufbewahren.

19.Tropisches Cocktail -Ceviche

ZUTATEN:
- ¾ Pfund Snapper
- 1 Pfund Jakobsmuscheln; geviertelt
- 1 kleine rote Zwiebel; halbiert, in dünne Scheiben geschnitten
- ¼ Tasse Koriander; grob gehackt
- 2 Tassen Mango; gewürfelt
- 1½ Tasse Ananas; gewürfelt
- Marinade
- 1 Tasse Limettensaft; Frisch gepresst
- 1 Esslöffel Limettenschale; gerieben
- 1 Tasse Reisessig
- ¼ Tasse Zucker
- 1½ Teelöffel rote Pfefferflocken; schmecken
- 1½ Teelöffel Salz
- 2 Teelöffel Koriandersamen; zerquetscht

ANWEISUNGEN:

a) Kombinieren Sie die Marinadenzutaten in einer großen Rührschüssel aus Glas oder Edelstahl. Alles verrühren und beiseite stellen.

b) Spülen Sie den Fisch und die Jakobsmuscheln in kaltem Wasser ab und tupfen Sie sie mit Papiertüchern trocken. Die Jakobsmuscheln zur Marinade geben und im Kühlschrank aufbewahren. Den Fisch in ½ Zoll große Stücke schneiden und mit den Zwiebeln in die Marinade geben.

c) Vorsichtig umrühren, abdecken und vor dem Servieren mindestens 4 Stunden im Kühlschrank lagern.

d) Gelegentlich umrühren, um sicherzustellen, dass die Marinade gleichmäßig in die Meeresfrüchte eindringt. Das Ceviche kann bis zu 2 Tage im Voraus zubereitet werden. Etwa 30 Minuten vor dem Servieren Koriander und Früchte unterrühren und das Gericht bis zum Servieren wieder in den Kühlschrank stellen.

e) In kleinen gekühlten Schüsseln oder Tellern oder, für einen festlicheren Look, in Schnapsgläsern oder Cocktailgläsern servieren.

20.Tropische Zitronen-Proteinhäppchen

ZUTATEN:
- 1¾ Tassen Cashewnüsse
- ¼ Tasse Kokosmehl
- ¼ Tasse ungesüßte Kokosraspeln
- 3 Esslöffel rohe, geschälte Hanfsamen
- 3 Esslöffel Ahornsirup
- 3 Esslöffel frischer Zitronensaft

ANWEISUNGEN:
a) Geben Sie die Cashewnüsse in eine Küchenmaschine und verarbeiten Sie sie, bis sie sehr fein sind.
b) Die restlichen Zutaten hinzufügen und verrühren, bis alles gut vermischt ist.
c) Geben Sie die Mischung in eine große Schüssel.
d) Nehmen Sie einen Klumpen Teig und formen Sie ihn zu einer Kugel.
e) Drücken Sie weiter und bearbeiten Sie es ein paar Mal, bis eine Kugel geformt und fest ist.

21.Tropische Walnusspizza

ZUTATEN:
- 1 fertiger Pizzaboden
- 1 Esslöffel Olivenöl
- 13,5-Unzen-Behälter Frischkäse mit Fruchtgeschmack
- 26-Unzen-Glas Mangoscheiben, abgetropft und gehackt
- ½ Tasse gehackte Walnüsse

ANWEISUNGEN:
a) Den Pizzaboden nach Packungsanleitung im Ofen backen.
b) Die Kruste gleichmäßig mit dem Öl bestreichen.
c) Den Frischkäse auf der Kruste verteilen und mit der gehackten Mango und den Nüssen belegen.
d) In gewünschte Scheiben schneiden und servieren.

22. Ananas-Kokos-Energiekugeln

ZUTATEN:
- 1 Tasse Datteln, entkernt
- 1 Tasse getrocknete Ananas
- ½ Tasse Kokosraspeln
- ¼ Tasse Mandelmehl oder gemahlene Mandeln
- ¼ Tasse Chiasamen
- 1 Esslöffel Kokosöl, geschmolzen
- 1 Teelöffel Vanilleextrakt

ANWEISUNGEN:

a) In einer Küchenmaschine die Datteln und die getrocknete Ananas vermischen, bis eine klebrige Paste entsteht.

b) Geben Sie die Kokosraspeln, das Mandelmehl, die Chiasamen, das geschmolzene Kokosnussöl und den Vanilleextrakt in die Küchenmaschine.

c) Pulsieren, bis sich alle Zutaten gut vermischt haben und eine teigartige Konsistenz entsteht.

d) Rollen Sie die Mischung zu kleinen Kugeln.

e) Optional: Die Kugeln zusätzlich in Kokosraspeln wälzen und damit bestreichen.

f) Geben Sie die Energy Balls in einen luftdichten Behälter und stellen Sie sie vor dem Servieren mindestens 30 Minuten lang in den Kühlschrank.

g) Genießen Sie diese leckeren und energiespendenden Ananas-Kokos-Energiebällchen!

23.Tropische Fruchtspieße

ZUTATEN:
- Verschiedene tropische Früchte (Ananas, Mango, Kiwi, Banane, Papaya usw.), in mundgerechte Stücke geschnitten
- Holzspieße

ANWEISUNGEN:
a) Fädeln Sie die verschiedenen tropischen Früchte in einem beliebigen Muster auf die Holzspieße.
b) Mit den restlichen Früchten und Spießen wiederholen.
c) Servieren Sie die tropischen Fruchtspieße pur oder mit einer Beilage Joghurt oder Honig zum Dippen.
d) Genießen Sie diese farbenfrohen und nahrhaften Fruchtspieße!

24. Kokos-Limetten-Popcorn

ZUTATEN:
- ½ Tasse Popcornkerne
- 2 Esslöffel Kokosöl
- Schale und Saft von 1 Limette
- 2 Esslöffel Kokosraspeln
- Salz nach Geschmack

ANWEISUNGEN:

a) Das Kokosöl in einem großen Topf bei mittlerer Hitze erhitzen.

b) Geben Sie die Popcornkerne hinzu und decken Sie den Topf mit einem Deckel ab.

c) Schütteln Sie den Topf gelegentlich, um ein Anbrennen zu vermeiden.

d) Sobald das Knallen nachlässt, nehmen Sie den Topf vom Herd und lassen Sie ihn eine Minute lang stehen, um sicherzustellen, dass alle Körner geplatzt sind.

e) In einer kleinen Schüssel Limettenschale, Limettensaft, Kokosraspeln und Salz vermischen.

f) Die Limetten-Kokos-Mischung über das frisch gepoppte Popcorn träufeln und vermischen, damit es gleichmäßig bedeckt ist.

g) Genießen Sie das pikante und tropische Kokos-Limetten-Popcorn als leichten und aromatischen Snack!

25.Kokos-Limetten-Guacamole

ZUTATEN:
- 2 reife Avocados
- Saft von 1 Limette
- Schale von 1 Limette
- 2 Esslöffel gehackter frischer Koriander
- 2 Esslöffel gewürfelte rote Zwiebel
- 2 Esslöffel Kokosraspeln
- Salz und Pfeffer nach Geschmack

ANWEISUNGEN:
a) In einer Schüssel die reifen Avocados mit einer Gabel cremig zerdrücken.
b) Limettensaft, Limettenschale, gehackten Koriander, gewürfelte rote Zwiebeln, Kokosraspeln, Salz und Pfeffer hinzufügen.
c) Gut vermischen, um alle Zutaten zu vereinen.
d) Abschmecken und nach Belieben nachwürzen.
e) Servieren Sie die Kokos-Limetten-Guacamole mit Tortillachips oder verwenden Sie sie als köstlichen Belag für Tacos, Sandwiches oder Salate.
f) Genießen Sie die cremigen und würzigen Aromen dieser tropischen Guacamole-Variante!

26.Kokosgarnelen

ZUTATEN:
- 1 Pfund Garnelen, geschält und entdarmt
- ½ Tasse Allzweckmehl
- ½ Tasse Kokosraspeln
- 2 Eier, geschlagen
- Salz und Pfeffer nach Geschmack
- Speiseöl zum Braten

ANWEISUNGEN:

a) In einer flachen Schüssel Allzweckmehl, Kokosraspeln, Salz und Pfeffer vermischen.

b) Tauchen Sie jede Garnele in die geschlagenen Eier, lassen Sie den Überschuss abtropfen und bestreichen Sie sie dann mit der Kokosnussmischung.

c) Speiseöl in einer tiefen Pfanne oder einem Topf bei mittlerer bis hoher Hitze erhitzen.

d) Die mit Kokosnuss ummantelten Garnelen portionsweise goldbraun und knusprig braten, etwa 2–3 Minuten pro Seite.

e) Die Garnelen aus dem Öl nehmen und auf Papiertüchern abtropfen lassen.

f) Servieren Sie die Kokosgarnelen als köstliche tropische Vorspeise oder einen Snack mit einer Dip-Sauce Ihrer Wahl, beispielsweise süßer Chilisauce oder Mango-Salsa.

g) Genießen Sie die knusprigen und aromatischen Kokosgarnelen!

27. Tropische Müsliriegel

ZUTATEN:
- 1 ½ Tassen Haferflocken
- ½ Tasse Kokosraspeln
- ¼ Tasse gehackte getrocknete Ananas
- ¼ Tasse gehackte getrocknete Mango
- ¼ Tasse gehackte getrocknete Papaya
- ¼ Tasse gehackte Nüsse (z. B. Mandeln, Cashewnüsse, Macadamianüsse)
- ¼ Tasse Honig oder Ahornsirup
- ¼ Tasse Nussbutter (z. B. Mandelbutter, Erdnussbutter)
- 1 Teelöffel Vanilleextrakt
- Prise Salz

ANWEISUNGEN:

a) Heizen Sie den Ofen auf 175 °C (350 °F) vor und legen Sie eine Auflaufform mit Backpapier aus.

b) In einer großen Schüssel Haferflocken, Kokosraspeln, gehackte getrocknete Ananas, gehackte getrocknete Mango, gehackte getrocknete Papaya und gehackte Nüsse vermischen.

c) In einem kleinen Topf Honig oder Ahornsirup, Nussbutter, Vanilleextrakt und Salz bei schwacher Hitze erhitzen, bis alles geschmolzen und gut vermischt ist.

d) Gießen Sie die Honig- oder Ahornsirupmischung über die trockenen Zutaten und rühren Sie, bis alles gleichmäßig bedeckt ist.

e) Geben Sie die Mischung in die vorbereitete Auflaufform und drücken Sie sie fest an.

f) 15–20 Minuten backen oder bis die Ränder goldbraun werden.

g) Aus dem Ofen nehmen und in der Form vollständig abkühlen lassen.

h) Nach dem Abkühlen in Riegel oder Quadrate schneiden.

i) Bewahren Sie die tropischen Müsliriegel in einem luftdichten Behälter auf, um sie unterwegs zu naschen.

j) Genießen Sie diese hausgemachten und nahrhaften Müsliriegel voller tropischer Aromen!

28. Tropische Mango-Salsa-Roll-Ups

ZUTATEN:
- 4 große Mehl-Tortillas
- 1 Tasse Frischkäse
- 1 Tasse Mangosalsa
- ½ Tasse zerkleinerte Salat- oder Spinatblätter

ANWEISUNGEN:
a) Legen Sie die Mehl-Tortillas flach auf eine saubere Oberfläche.
b) Verteilen Sie gleichmäßig eine Schicht Frischkäse auf jeder Tortilla.
c) Die Mangosalsa auf die Frischkäseschicht geben und so verteilen, dass die Tortilla bedeckt ist.
d) Streuen Sie zerkleinerten Salat oder Spinatblätter über die Salsa.
e) Rollen Sie jede Tortilla fest auf, beginnend an einem Ende.
f) Schneiden Sie jede gerollte Tortilla in mundgerechte Windräder.
g) Servieren Sie die tropischen Mango-Salsa-Roll-Ups als aromatischen und erfrischenden Snack oder Vorspeise.
h) Genießen Sie die Kombination aus cremigen, würzigen und tropischen Aromen!

29. Gegrillte Ananasspieße

ZUTATEN:
- 1 Ananas, geschält, entkernt und in Stücke geschnitten
- 2 Esslöffel Honig oder Ahornsirup
- 1 Teelöffel gemahlener Zimt
- Holzspieße, 30 Minuten in Wasser eingeweicht

ANWEISUNGEN:

a) Einen Grill oder eine Grillpfanne bei mittlerer Hitze vorheizen.

b) In einer kleinen Schüssel Honig oder Ahornsirup und gemahlenen Zimt vermischen.

c) Die Ananasstücke auf die Holzspieße stecken.

d) Die Ananas von allen Seiten mit der Honig- oder Ahornsirupmischung bestreichen.

e) Legen Sie die Ananasspieße auf den vorgeheizten Grill und grillen Sie sie etwa 2–3 Minuten pro Seite, oder bis Grillspuren entstehen und die Ananas leicht karamellisiert.

f) Vom Grill nehmen und einige Minuten abkühlen lassen.

g) Servieren Sie die gegrillten Ananasspieße als süßen und tropischen Snack oder Dessert.

h) Genießen Sie den rauchigen und karamellisierten Geschmack der gegrillten Ananas!

30. Kokos-Bananen-Häppchen

ZUTATEN:
- 2 Bananen, geschält und in mundgerechte Stücke geschnitten
- ¼ Tasse geschmolzene dunkle Schokolade
- ¼ Tasse Kokosraspeln

ANWEISUNGEN:
a) Ein Backblech mit Backpapier auslegen.
b) Tauchen Sie jedes Bananenstück in die geschmolzene dunkle Schokolade und bedecken Sie es etwa zur Hälfte.
c) Rollen Sie die mit Schokolade überzogene Banane in Kokosraspeln, bis sie gleichmäßig bedeckt ist.
d) Legen Sie die beschichteten Bananenstückchen auf das vorbereitete Backblech.
e) Wiederholen Sie den Vorgang mit den restlichen Bananenstücken.
f) Mindestens 30 Minuten kühl stellen oder bis die Schokolade hart wird.
g) Servieren Sie die Kokos-Bananen-Häppchen als köstlichen tropischen Snack oder Dessert.
h) Genießen Sie die Kombination aus cremiger Banane, reichhaltiger Schokolade und Kokosnuss!

31. Tropischer Joghurt-Dip

ZUTATEN:
- 1 Tasse griechischer Joghurt
- ½ Tasse gewürfelte Ananas
- ½ Tasse gewürfelte Mango
- ¼ Tasse gehackte rote Paprika
- ¼ Tasse gehackte rote Zwiebel
- ¼ Tasse gehackter frischer Koriander
- 1 Esslöffel Limettensaft
- ½ Teelöffel Knoblauchpulver
- Salz und Pfeffer nach Geschmack

ANWEISUNGEN:

a) In einer Schüssel griechischen Joghurt, gewürfelte Ananas, gewürfelte Mango, gehackte rote Paprika, gehackte rote Zwiebeln, gehackten Koriander, Limettensaft, Knoblauchpulver, Salz und Pfeffer vermischen.

b) Gut vermischen, bis alle Zutaten gut vermischt sind.

c) Abschmecken und bei Bedarf nachwürzen.

d) Servieren Sie den tropischen Dip mit Tortillachips, Fladenbrot oder Gemüsesticks.

e) Genießen Sie diesen cremigen und aromatischen Dip mit tropischem Touch!

32.tropischer Fruchtsalat

ZUTATEN:
- 2 Tassen gewürfelte Ananas
- 1 Tasse gewürfelte Mango
- 1 Tasse gewürfelte Papaya
- 1 Tasse geschnittene Kiwi
- 1 Tasse geschnittene Erdbeeren
- 1 Esslöffel frischer Limettensaft
- 1 Esslöffel Honig oder Ahornsirup
- Optionale Toppings: Kokosraspeln oder gehackte frische Minze

ANWEISUNGEN:

a) In einer großen Schüssel die gewürfelte Ananas, die gewürfelte Mango, die gewürfelte Papaya, die geschnittene Kiwi und die geschnittenen Erdbeeren vermischen.

b) In einer kleinen Schüssel Limettensaft und Honig oder Ahornsirup verrühren.

c) Das Limettendressing über den Obstsalat träufeln und vorsichtig umrühren.

d) Optional: Streuen Sie Kokosraspeln oder gehackte frische Minze darüber, um den Geschmack und die Garnitur zu verstärken.

e) Servieren Sie den tropischen Obstsalat gekühlt als erfrischenden und gesunden Snack.

f) Genießen Sie die lebendigen und saftigen Aromen dieser tropischen Mischung!

g) Diese 20 Rezepte für tropische Snacks sollen Ihnen eine Vielfalt an köstlichen und geschmackvollen Optionen bieten, die Sie genießen können. Ganz gleich, ob Sie auf der Suche nach etwas Süßem, Herzhaftem, Cremigem oder Knusprigem sind, diese Rezepte werden Ihr tropisches Verlangen mit Sicherheit stillen. Genießen!

TROPISCHES STROMNETZ

33. Cremiger tropischer Fruchtsalat

ZUTATEN:
- 15,25-Unzen-Dose tropischer Obstsalat, abgetropft
- 1 Banane, in Scheiben geschnitten
- 1 Tasse gefrorener Schlagsahne, aufgetaut

ANWEISUNGEN:
a) In einer mittelgroßen Schüssel alle Zutaten vermischen.
b) Zum Überziehen vorsichtig umrühren.

34.Tropisches Ananashuhn

ZUTATEN:
- 1 Paprika
- 1 kleine rote Zwiebel
- 450 g Hähnchenbrustfilets ohne Knochen und Haut
- 2 Tassen Zuckerschoten
- 1 Dose (14 oz/398 ml) Ananasstücke in Saft
- 2 Esslöffel geschmolzenes Kokosöl
- 1 Pkg tropisches Ananas-Hühnergewürz
- frischer Limettensaft

ANWEISUNGEN :

a) Heizen Sie den Ofen auf 200 °C vor. Legen Sie das Backblech mit der Backblecheinlage aus.

b) Paprika und Zwiebel in Scheiben schneiden. In einer großen Schüssel Paprika, Zwiebeln, Hühnchen, Zuckererbsen, Ananasstücke (einschließlich Saft), Kokosöl und Gewürze vermischen. Rühren, bis alles gut bedeckt ist.

c) So gut es geht, in einer einzigen Schicht auf der Pfanne anrichten. 16 Minuten lang rösten, oder bis das Hähnchen gar ist.

d) Nach Belieben mit einem Spritzer frischer Limette abschließen.

35.Probieren Sie The Tropics Shrimps

ZUTATEN:
- 1 Limette, halbiert
- 1 Pkg tropisches Ananas-Hühnergewürz
- 1 Esslöffel geschmolzenes Kokosöl
- 1 Esslöffel Honig
- 2 Paprika, in Stücke geschnitten
- 1 kleine Zucchini, in ½-Zoll-Runden geschnitten
- 2 Tassen gefrorene Mangostücke
- 1 Pfund gefrorene rohe, geschälte Garnelen, aufgetaut

ANWEISUNGEN :

a) Heizen Sie den Ofen auf 200 °C vor. Legen Sie das Backblech mit der Backblecheinlage aus.
b) Drücken Sie mit einer 2-in-1-Zitruspresse den Saft der Limette in eine große Schüssel.
c) Gewürze, Öl und Honig hinzufügen. Zum Kombinieren umrühren.
d) Paprika, Zucchini und Mango in eine Pfanne geben.
e) Die Hälfte der Soße darübergießen.
f) Mit einer Zange wenden und bestreichen.
g) In den Ofen geben und 10 Minuten rösten.
h) In der Zwischenzeit Garnelen mit der restlichen Soße in die Schüssel geben; Zum Überziehen werfen.
i) Pfanne aus dem Ofen nehmen; Fügen Sie Garnelen so gut wie möglich in einer einzigen Schicht hinzu.
j) 3–4 Minuten rösten, oder bis die Garnelen gar sind.

36. Karibisches gegrilltes Schweinefleisch mit tropischer Salsa

ZUTATEN:
SALSA:
- 1 kleine Ananas, geschält, entkernt und gewürfelt
- 1 mittelgroße Orange, geschält und gewürfelt
- 2 Esslöffel frischer Koriander, gehackt
- Eine halbe frische Limette entsaften

SCHWEINEFLEISCH:
- ½ Esslöffel brauner Zucker
- 2 Teelöffel gehackter Knoblauch
- 2 Teelöffel gehackter Ingwer
- 2 Teelöffel gemahlener Kreuzkümmel
- 2 Teelöffel gemahlener Koriander
- ½ Teelöffel Kurkuma
- 2 Esslöffel Rapsöl
- 6 Schweinelendekoteletts

ANWEISUNGEN:
a) Machen Sie Salsa, indem Sie Ananas, Orange, Koriander und Limettensaft in einer Schüssel vermischen. Beiseite legen. Kann bis zu 2 Tage im Voraus zubereitet und gekühlt werden.
b) In einer kleinen Schüssel die braune Zuckermischung, Knoblauch, Ingwer, Kreuzkümmel, Koriander und Kurkuma vermischen.
c) Beide Seiten der Schweinekoteletts mit Rapsöl bestreichen und beide Seiten einreiben.
d) Heizen Sie den Grill auf mittlere bis hohe Temperatur vor. Legen Sie die Schweinekoteletts etwa 5 Minuten pro Seite auf den Grill oder bis sie eine Innentemperatur von 160 °F erreicht haben.
e) Servieren Sie jedes Kotelett mit ⅓ Tasse Salsa.

37. Hummerschwanz mit gegrillten tropischen Früchten

ZUTATEN:
- 4 Bambus- oder Metallspieße
- ¾ goldene Ananas, geschält, entkernt und in 2,5 cm große Spalten geschnitten
- 2 Bananen, geschält und quer in acht 2,5 cm große Stücke geschnitten
- 1 Mango, geschält, entkernt und in 2,5 cm große Würfel geschnitten
- 4 Langustenschwänze oder große Maine-Hummerschwänze
- ¾ Tasse süße Sojaglasur
- 1 Tasse Butter, geschmolzen
- 4 Limettenspalten

ANWEISUNGEN:

a) Wenn Sie mit Bambusspießen grillen, legen Sie diese mindestens 30 Minuten in Wasser ein. Zünden Sie einen Grill für direkte, mäßige Hitze an, etwa 350¼F.

b) Abwechselnd die Ananas-, Bananen- und Mangostücke auf die Spieße spießen, dabei etwa 2 Stück jeder Frucht pro Spieß verwenden.

c) Schneiden Sie die Hummerschwänze in Schmetterlingsform, indem Sie jeden Schwanz der Länge nach durch die abgerundete obere Schale und das Fleisch spalten und die flache untere Schale intakt lassen. Wenn die Schale sehr hart ist, schneiden Sie die abgerundete Schale mit einer Küchenschere und das Fleisch mit einem Messer durch.

d) Öffnen Sie den Schwanz vorsichtig, um das Fleisch freizulegen.

e) Die Sojaglasur leicht über die Fruchtspieße und das Hummerfleisch streichen. Bürsten Sie den Grillrost und bestreichen Sie ihn mit Öl. Legen Sie die Hummerschwänze mit der Fleischseite nach unten direkt über die Hitze und grillen Sie sie 3 bis 4 Minuten lang, bis sie eine schöne Grillmarkierung haben. Drücken Sie die Schwänze mit einem Spatel oder einer Zange auf den Grillrost, um das Anbraten des Fleisches zu erleichtern. Wenden und grillen, bis das Fleisch gerade fest und weiß ist, dann weitere 5 bis 7 Minuten mit der Sojaglasur begießen.

f) In der Zwischenzeit die Obstspieße neben dem Hummer grillen, bis sie eine schöne Grillspur haben, etwa 3 bis 4 Minuten pro Seite.

g) Mit der geschmolzenen Butter und den Limettenspalten zum Auspressen servieren.

38.Tropischer Schwarzbohnensalat mit Mango

ZUTATEN:
- 3 Tassen gekochte schwarze Bohnen, abgetropft und abgespült
- ½ Tasse gehackte rote Paprika
- ¼ Tasse gehackte rote Zwiebel
- ¼ Tasse gehackter frischer Koriander
- 1 Jalapeño, entkernt und gehackt (optional)
- 3 Esslöffel Traubenkernöl
- 2 Esslöffel frischer Limettensaft
- 2 Teelöffel Agavennektar
- ¼ Teelöffel Salz
- ⅛ Teelöffel gemahlener Cayennepfeffer

ANWEISUNGEN:

a) In einer großen Schüssel Bohnen, Mango, Paprika, Zwiebeln, Koriander und ggf. Jalapeño vermischen und beiseite stellen.

b) In einer kleinen Schüssel Öl, Limettensaft, Agavendicksaft, Salz und Cayennepfeffer verrühren. Das Dressing auf den Salat geben und gut vermischen.

c) 20 Minuten kühl stellen und servieren.

39.Tropische Reisschale

ZUTATEN:
SCHÜSSEL
- 1 Süßkartoffel, geschält und in mundgerechte Stücke geschnitten
- 1 Esslöffel natives Olivenöl extra
- 2 Tassen Jasminreis, gekocht
- 1 Ananas, geschält, entkernt und in mundgerechte Stücke geschnitten
- ¼ Tasse Cashewnüsse
- 4 Esslöffel rohe, geschälte Hanfsamen

SÜSS-SAURE SOSSE
- 1 Esslöffel Maisstärke
- ½ Tasse gehackte Ananas
- ¼ Tasse Reisessig
- ⅓ Tasse hellbrauner Zucker
- 3 Esslöffel Ketchup
- 2 Teelöffel Sojasauce

ANWEISUNGEN:
SÜSSKARTOFFEL
a) Heizen Sie den Ofen auf 425 °F vor.

b) Die Süßkartoffel mit dem Öl vermengen. Auf ein Backblech legen und 30 Minuten rösten.

c) Aus dem Ofen nehmen und abkühlen lassen.

SÜSS-SAURE SOSSE
d) Maisstärke und 1 Esslöffel Wasser in einer kleinen Schüssel verquirlen. Beiseite legen.

e) Geben Sie die Ananas und ¼ Tasse Wasser in einen Mixer. Mischen, bis die Mischung so glatt wie möglich ist.

f) Die Ananasmischung, Reisessig, braunen Zucker, Ketchup und Sojasauce in einen mittelgroßen Topf geben.

g) Bei mittlerer bis hoher Hitze zum Kochen bringen.

h) Die Maisstärkemischung einrühren und etwa eine Minute kochen, bis sie eingedickt ist. Vom Herd nehmen und beiseite stellen, während die Schüsseln zusammengesetzt werden.

MONTAGE
i) Den Reis auf den Boden jeder Schüssel geben. Fügen Sie Reihen von Ananas, Cashewnüssen, Hanfsamen und Süßkartoffeln hinzu.

j) Mit der süß-sauren Soße belegen.

40.Tropische Schweinefleischspieße

ZUTATEN:
- 8 Holz- oder Metallspieße
- 2 Pfund Schweinelende, in 1-Zoll-Stücke geschnitten
- 2 große rote Paprika, entkernt, gereinigt und in 8 Stücke geschnitten
- 1 grüne Paprika, entkernt, gereinigt und in 8 Stücke geschnitten
- ½ frische Ananas, in 4 Segmente schneiden und dann in Spalten schneiden
- ½ Tasse Honig
- ½ Tasse Limettensaft
- 2 Teelöffel abgeriebene Limettenschale
- 3 Knoblauchzehen, gehackt
- ¼ Tasse gelber Senf
- 1 Teelöffel Salz
- ¼ Teelöffel schwarzer Pfeffer

ANWEISUNGEN:
a) Wenn Sie Holzspieße verwenden, weichen Sie diese 15 bis 20 Minuten in Wasser ein.
b) abwechselnd mit Schweinestücken, 2 roten Paprikastücken, 1 grünen Paprikastück und 2 Ananasspalten aufspießen .
c) Mischen Sie in einer 9 x 13 Zoll großen Auflaufform Honig, Limettensaft, geriebene Limettenschale, Knoblauch, gelben Senf, Salz und schwarzen Pfeffer. gut mischen. Legen Sie die Kebabs in eine Auflaufform und drehen Sie sie, um sie mit der Marinade zu bestreichen. Abdecken und mindestens 4 Stunden oder über Nacht im Kühlschrank lagern, dabei gelegentlich wenden .
d) Erhitzen Sie den Grill auf mittlere bis hohe Hitze. Spieße mit Marinade begießen; Überschüssige Marinade wegwerfen.
e) Grillen Sie die Kebabs 7 bis 9 Minuten lang oder so lange, bis das Schweinefleisch nicht mehr rosa ist, und drehen Sie es dabei häufig, um es von allen Seiten zu garen.

41. Jamaikanisches Jerk Pork

ZUTATEN:
- 2 Pfund Schweinefilet, in Würfel oder Streifen geschnitten
- 3 Esslöffel jamaikanisches Jerk-Gewürz
- 2 Esslöffel Pflanzenöl
- 2 Esslöffel Limettensaft
- 2 Esslöffel Sojasauce
- 2 Esslöffel brauner Zucker
- 2 Knoblauchzehen, gehackt
- 1 Teelöffel geriebener Ingwer
- Salz und Pfeffer nach Geschmack

ANWEISUNGEN:
a) In einer Schüssel das jamaikanische Jerk-Gewürz, Pflanzenöl, Limettensaft, Sojasauce, braunen Zucker, gehackten Knoblauch, geriebenen Ingwer, Salz und Pfeffer vermischen.
b) Die Schweinefiletwürfel oder -streifen in die Schüssel geben und gleichmäßig mit der Marinade bestreichen.
c) Decken Sie die Schüssel ab und stellen Sie sie mindestens 1 Stunde lang in den Kühlschrank, für einen intensiveren Geschmack auch über Nacht.
d) Einen Grill oder eine Grillpfanne bei mittlerer bis hoher Hitze vorheizen.
e) Nehmen Sie das Schweinefleisch aus der Marinade und schütteln Sie überschüssiges Fleisch ab.
f) Grillen Sie das Schweinefleisch etwa 4–6 Minuten pro Seite oder bis es gar und schön verkohlt ist.
g) Das Schweinefleisch während des Grillens mit der restlichen Marinade bestreichen.
h) Nach dem Garen das Schweinefleisch auf eine Servierplatte legen und einige Minuten ruhen lassen.
i) Servieren Sie das jamaikanische Jerk Pork als würziges und aromatisches tropisches Hauptgericht.
j) Genießen Sie die rauchigen und aromatischen Aromen des Jerk-Gewürzes!

42.Mango-Curry-Tofu

ZUTATEN:
- 1 Block (14 oz) fester Tofu, abgetropft und in Würfel geschnitten
- 1 Esslöffel Pflanzenöl
- 1 Zwiebel, in Scheiben geschnitten
- 2 Knoblauchzehen, gehackt
- 1 Esslöffel Currypulver
- 1 Teelöffel gemahlener Kreuzkümmel
- ½ Teelöffel gemahlener Kurkuma
- ½ Teelöffel gemahlener Koriander
- ¼ Teelöffel Cayennepfeffer (nach Geschmack anpassen)
- 1 Dose (14 oz) Kokosmilch
- 1 reife Mango, geschält, entkernt und gewürfelt
- 1 Esslöffel Limettensaft
- Salz nach Geschmack
- Gehackter frischer Koriander zum Garnieren
- Gekochter Reis oder Naan-Brot zum Servieren

ANWEISUNGEN:

a) Pflanzenöl in einer großen Pfanne oder einem Wok bei mittlerer Hitze erhitzen.

b) In Scheiben geschnittene Zwiebeln und gehackten Knoblauch hinzufügen und 2-3 Minuten anbraten, bis sie weich sind und duften.

c) Currypulver, gemahlenen Kreuzkümmel, gemahlene Kurkuma, gemahlenen Koriander und Cayennepfeffer hinzufügen. Gut umrühren, um die Zwiebeln und den Knoblauch mit den Gewürzen zu bedecken.

d) Den gewürfelten Tofu in die Pfanne geben und 3–4 Minuten braten, bis er leicht gebräunt ist.

e) Kokosmilch dazugeben und zum Kochen bringen.

f) Gewürfelte Mango und Limettensaft in die Pfanne geben und mit Salz abschmecken.

g) 5–6 Minuten köcheln lassen, bis der Tofu durchgewärmt ist und die Aromen miteinander verschmolzen sind.

h) Mit gehacktem frischem Koriander garnieren.

i) Servieren Sie den Mango-Curry-Tofu über gekochtem Reis oder mit Naan-Brot für ein köstliches tropisches Hauptgericht.

j) Genießen Sie das cremig-aromatische Mango-Curry mit zartem Tofu und duftenden Gewürzen!

43. Karibischer Quinoa-Salat mit schwarzen Bohnen und Mango

ZUTATEN:
- 1 Tasse gekochte Quinoa, gekühlt
- 1 Dose (15 oz) schwarze Bohnen, abgespült und abgetropft
- 1 reife Mango, geschält, entkernt und gewürfelt
- 1 rote Paprika, gewürfelt
- ¼ Tasse gehackte rote Zwiebel
- ¼ Tasse gehackter frischer Koriander
- Saft von 1 Limette
- 2 Esslöffel Olivenöl
- 1 Teelöffel gemahlener Kreuzkümmel
- Salz und Pfeffer nach Geschmack

ANWEISUNGEN:

a) In einer großen Schüssel gekochtes Quinoa, schwarze Bohnen, gewürfelte Mango, gewürfelte rote Paprika, gehackte rote Zwiebeln und gehackten frischen Koriander vermischen.

b) In einer kleinen Schüssel Limettensaft, Olivenöl, gemahlenen Kreuzkümmel, Salz und Pfeffer verrühren.

c) Das Dressing über die Quinoa-Mischung gießen und gut vermischen.

d) Passen Sie die Gewürze bei Bedarf an.

e) Decken Sie die Schüssel ab und stellen Sie sie mindestens 30 Minuten lang in den Kühlschrank, damit sich die Aromen vermischen können.

f) Vor dem Servieren den Salat vorsichtig umrühren, um sicherzustellen, dass alle Zutaten gut vermischt sind.

g) Servieren Sie den karibischen Salat mit schwarzen Bohnen und Mango-Quinoa als erfrischendes und nahrhaftes tropisches Hauptgericht.

h) Genießen Sie die Kombination aus proteinreichen schwarzen Bohnen, saftiger Mango und duftendem Koriander bei jedem Bissen!

44. Hawaiianisches Teriyaki-Huhn

ZUTATEN:
- 4 Hähnchenschenkel ohne Knochen und Haut
- ¼ Tasse Sojasauce
- ¼ Tasse Ananassaft
- 2 Esslöffel Honig
- 2 Esslöffel Reisessig
- 1 Esslöffel Sesamöl
- 2 Knoblauchzehen, gehackt
- 1 Teelöffel geriebener Ingwer
- Ananasscheiben zum Garnieren
- Gehackte Frühlingszwiebeln zum Garnieren

ANWEISUNGEN:
a) In einer Schüssel Sojasauce, Ananassaft, Honig, Reisessig, Sesamöl, gehackten Knoblauch und geriebenen Ingwer verrühren.
b) Legen Sie die Hähnchenschenkel in eine flache Schüssel und gießen Sie die Marinade darüber. Stellen Sie sicher, dass das Huhn gleichmäßig bedeckt ist.
c) Decken Sie das Gericht ab und stellen Sie es mindestens eine Stunde lang in den Kühlschrank, für einen intensiveren Geschmack auch über Nacht.
d) Einen Grill oder eine Grillpfanne bei mittlerer bis hoher Hitze vorheizen.
e) Nehmen Sie die Hähnchenschenkel aus der Marinade und schütteln Sie überschüssiges Material ab.
f) Grillen Sie das Hähnchen auf jeder Seite etwa 5–6 Minuten lang oder bis es gar und schön verkohlt ist.
g) Begießen Sie das Hähnchen während des Grillens mit der restlichen Marinade.
h) Nach dem Garen das Hähnchen auf einen Servierteller legen und einige Minuten ruhen lassen.
i) Mit Ananasscheiben und gehackten Frühlingszwiebeln garnieren.
j) Servieren Sie das hawaiianische Teriyaki-Hähnchen als tropisch inspiriertes Hauptgericht.
k) Genießen Sie das zarte und aromatische Hühnchen mit der süß-würzigen Teriyaki-Glasur!

45. Kokos-Limetten-Garnelen-Curry

ZUTATEN:
- 1 Pfund Garnelen, geschält und entdarmt
- 1 Dose (13,5 oz) Kokosmilch
- Saft und Schale von 2 Limetten
- 2 Esslöffel grüne Thai-Curry-Paste
- 1 Esslöffel Fischsauce
- 1 Esslöffel brauner Zucker
- 1 rote Paprika, in Scheiben geschnitten
- 1 Zucchini, in Scheiben geschnitten
- 1 Tasse Zuckererbsen
- 1 Esslöffel Pflanzenöl
- Frischer Koriander zum Garnieren
- Gekochter Reis zum Servieren

ANWEISUNGEN:
a) Pflanzenöl in einer großen Pfanne oder einem Wok bei mittlerer Hitze erhitzen.
b) Geben Sie die grüne Thai-Curry-Paste in die Pfanne und kochen Sie sie 1 Minute lang, bis sie duftet.
c) Die Kokosmilch dazugeben und gut verrühren, um sie mit der Currypaste zu vermischen.
d) Fischsauce, braunen Zucker, Limettensaft und Limettenschale hinzufügen. Rühren, bis es sich aufgelöst hat.
e) Geben Sie die geschnittene rote Paprika, die Zucchini und die Zuckererbsen in die Pfanne. Umrühren, um das Gemüse mit der Currysauce zu überziehen.
f) 5-6 Minuten köcheln lassen, bis das Gemüse weich ist.
g) Geben Sie die Garnelen in die Pfanne und kochen Sie sie weitere 3–4 Minuten, bis die Garnelen rosa und durchgegart sind.
h) Vom Herd nehmen und mit frischem Koriander garnieren.
i) Servieren Sie das Kokos-Limetten-Garnelen-Curry über gekochtem Reis für eine geschmackvolle und aromatische tropische Mahlzeit.
j) Genießen Sie die cremige Kokos-Curry-Sauce mit saftigen Garnelen und knackigem Gemüse!

46.Jamaikanische Curry-Ziege

ZUTATEN:
- 2 Pfund Ziegenfleisch, in Würfel geschnitten
- 2 Esslöffel jamaikanisches Currypulver
- 1 Zwiebel, gehackt
- 3 Knoblauchzehen, gehackt
- 1 Scotch Bonnet Pepper, entkernt und gehackt
- 1 Esslöffel Pflanzenöl
- 2 Tassen Kokosmilch
- 2 Tassen Wasser
- 2 Zweige frischer Thymian
- Salz und Pfeffer nach Geschmack
- Gekochter Reis oder Roti zum Servieren

ANWEISUNGEN:

a) Das Ziegenfleisch in einer Schüssel mit jamaikanischem Currypulver, Salz und Pfeffer würzen. Wenden, um das Fleisch gleichmäßig zu bedecken.

b) Pflanzenöl in einem großen Topf oder Schmortopf bei mittlerer Hitze erhitzen.

c) Das gewürzte Ziegenfleisch in den Topf geben und von allen Seiten anbraten. Das Fleisch aus dem Topf nehmen und beiseite stellen.

d) In denselben Topf gehackte Zwiebeln, gehackten Knoblauch und gehackten Scotch Bonnet Pepper (falls verwendet) geben. 2-3 Minuten anbraten, bis die Zwiebeln glasig sind und duften.

e) Geben Sie das gebräunte Ziegenfleisch zurück in den Topf und verrühren Sie es mit den Zwiebeln und dem Knoblauch.

f) Kokosmilch und Wasser einfüllen. Gut umrühren, um die Flüssigkeiten einzuarbeiten.

g) Geben Sie frische Thymianzweige in den Topf und bringen Sie die Mischung zum Kochen.

h) Reduzieren Sie die Hitze auf eine niedrige Stufe, decken Sie den Topf ab und lassen Sie ihn etwa 2–3 Stunden lang köcheln, bis das Ziegenfleisch zart und aromatisch ist. Gelegentlich umrühren, um ein Anhaften zu verhindern.

i) Je nach Geschmack mit Salz und Pfeffer würzen.

j) Servieren Sie das jamaikanische Curry-Ziege über gekochtem Reis oder mit Roti für ein authentisches und herzhaftes tropisches Hauptgericht.

k) Genießen Sie den reichen und aromatischen Geschmack von mit Curry angereichertem Ziegenfleisch!

47.Fisch-Tacos im karibischen Stil

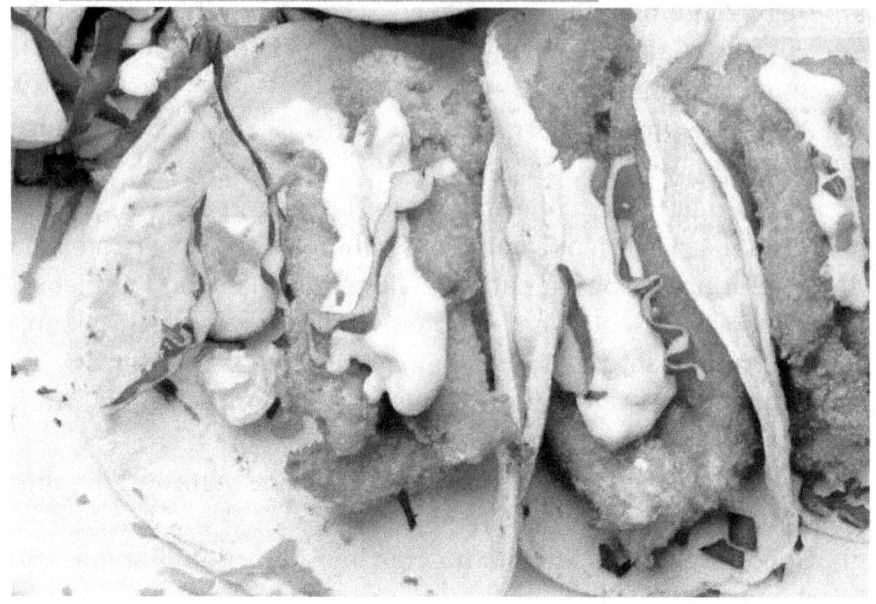

ZUTATEN:
- 1 Pfund weiße Fischfilets (z. B. Kabeljau oder Tilapia)
- ¼ Tasse Allzweckmehl
- 1 Esslöffel karibisches Jerk-Gewürz
- ½ Teelöffel Salz
- ¼ Teelöffel schwarzer Pfeffer
- 2 Esslöffel Pflanzenöl
- 8 kleine Tortillas
- Zerkleinerter Salat
- Geschnittene Avocado
- Gehackter frischer Koriander
- Limettenschnitze zum Servieren

ANWEISUNGEN:
a) In einer flachen Schüssel Mehl, karibisches Jerk-Gewürz, Salz und schwarzen Pfeffer vermischen.
b) Die Fischfilets in der Mehlmischung wenden und überschüssiges Mehl abschütteln.
c) Pflanzenöl in einer großen Pfanne bei mittlerer Hitze erhitzen.
d) Die panierten Fischfilets in die Pfanne geben und auf jeder Seite etwa 3–4 Minuten braten, oder bis der Fisch gar und goldbraun ist.
e) Nehmen Sie den Fisch aus der Pfanne und lassen Sie ihn einige Minuten ruhen.
f) Erwärmen Sie die Tortillas in einer trockenen Pfanne oder Mikrowelle.
g) Den gekochten Fisch in Stücke schneiden und auf die Tortillas verteilen.
h) Belegen Sie den Fisch mit geriebenem Salat, geschnittener Avocado und gehacktem frischem Koriander.
i) Den frischen Limettensaft über die Toppings pressen.
j) Servieren Sie die Fisch-Tacos im karibischen Stil als tropisches und aromatisches Hauptgericht.
k) Genießen Sie den knusprigen und gewürzten Fisch mit frischen und lebendigen Belägen!

48. Mit Mango glasierter Lachs

ZUTATEN:
- 4 Lachsfilets
- 1 reife Mango, geschält, entkernt und püriert
- 2 Esslöffel Sojasauce
- 2 Esslöffel Honig
- 2 Esslöffel Limettensaft
- 2 Knoblauchzehen, gehackt
- 1 Teelöffel geriebener Ingwer
- Salz und Pfeffer nach Geschmack
- Gehackter frischer Koriander zum Garnieren

ANWEISUNGEN:
a) Heizen Sie den Ofen auf 375 °F (190 °C) vor.
b) In einer Schüssel Mangopüree, Sojasauce, Honig, Limettensaft, gehackten Knoblauch, geriebenen Ingwer, Salz und Pfeffer verrühren.
c) Legen Sie die Lachsfilets in eine Auflaufform und gießen Sie die Mangoglasur darüber. Stellen Sie sicher, dass der Lachs gleichmäßig bedeckt ist.
d) Im vorgeheizten Ofen etwa 12–15 Minuten backen oder bis der Lachs gar ist und sich mit einer Gabel leicht zerteilen lässt.
e) Den Lachs während des Backens ein- oder zweimal mit der Glasur bestreichen.
f) Nach dem Garen den Lachs aus dem Ofen nehmen und einige Minuten ruhen lassen.
g) Mit gehacktem frischem Koriander garnieren.
h) Servieren Sie den mit Mango glasierten Lachs als tropisches und aromatisches Hauptgericht.
i) Genießen Sie den saftigen und süßen Lachs mit der würzig-fruchtigen Mangoglasur!

49. Karibisches Gemüsecurry

ZUTATEN:
- 1 Esslöffel Pflanzenöl
- 1 Zwiebel, gehackt
- 2 Knoblauchzehen, gehackt
- 1 rote Paprika, gewürfelt
- 1 gelbe Paprika, gewürfelt
- 1 Zucchini, gewürfelt
- 1 Süßkartoffel, geschält und gewürfelt
- 1 Tasse Blumenkohlröschen
- 1 Dose (14 oz) Kokosmilch
- 2 Esslöffel karibisches Currypulver
- 1 Teelöffel gemahlener Kreuzkümmel
- 1 Teelöffel gemahlener Koriander
- ¼ Teelöffel Cayennepfeffer (nach Geschmack anpassen)
- Salz und Pfeffer nach Geschmack
- Gehackter frischer Koriander zum Garnieren
- Gekochter Reis oder Roti zum Servieren

ANWEISUNGEN:

a) Pflanzenöl in einer großen Pfanne oder einem Topf bei mittlerer Hitze erhitzen.

b) Gehackte Zwiebeln und gehackten Knoblauch hinzufügen und 2-3 Minuten anbraten, bis sie weich sind und duften.

c) Gewürfelte rote und gelbe Paprika, gewürfelte Zucchini, gewürfelte Süßkartoffeln und Blumenkohlröschen in die Pfanne geben. Umrühren, um das Gemüse mit dem Öl zu umhüllen.

d) 5-6 Minuten kochen, bis das Gemüse weich wird.

e) In einer kleinen Schüssel karibisches Currypulver, gemahlenen Kreuzkümmel, gemahlenen Koriander, Cayennepfeffer, Salz und Pfeffer verrühren.

f) Streuen Sie die Gewürzmischung über das Gemüse in der Pfanne und rühren Sie gut um, bis es bedeckt ist.

g) Gießen Sie die Kokosmilch hinzu und verrühren Sie alles mit den Gewürzen und dem Gemüse.

h) Bringen Sie die Mischung zum Kochen und decken Sie die Pfanne ab. Lassen Sie es etwa 15–20 Minuten kochen, oder bis das Gemüse zart ist und die Aromen miteinander verschmolzen sind.

i) Passen Sie die Gewürze bei Bedarf an.

j) Mit gehacktem frischem Koriander garnieren.

k) Servieren Sie das karibische Gemüsecurry über gekochtem Reis oder mit Roti für ein herzhaftes und aromatisches tropisches Hauptgericht.

l) Genießen Sie die lebendigen und aromatischen Aromen von mit Curry angereichertem Gemüse!

50.Jerk Chicken mit Mango-Salsa

ZUTATEN:
- 4 Hähnchenbrustfilets ohne Knochen und Haut
- 2 Esslöffel jamaikanisches Jerk-Gewürz
- 2 Esslöffel Pflanzenöl
- Salz und Pfeffer nach Geschmack

MANGO SALSA:
- 1 reife Mango, geschält, entkernt und gewürfelt
- ½ rote Zwiebel, fein gehackt
- ½ rote Paprika, fein gehackt
- ½ Jalapenopfeffer, Kerne und Rippen entfernt, fein gehackt
- Saft von 1 Limette
- 2 Esslöffel gehackter frischer Koriander
- Salz nach Geschmack

ANWEISUNGEN:

a) Heizen Sie den Grill oder die Grillpfanne auf mittlere bis hohe Hitze vor.

b) Reiben Sie die Hähnchenbrust mit jamaikanischem Jerk-Gewürz, Pflanzenöl, Salz und Pfeffer ein.

c) Grillen Sie das Hähnchen auf jeder Seite etwa 6–8 Minuten lang oder bis es gar und schön verkohlt ist. Die Innentemperatur sollte 165 °F (74 °C) erreichen.

d) Nehmen Sie das Hähnchen vom Grill und lassen Sie es einige Minuten ruhen.

e) Bereiten Sie in der Zwischenzeit die Mangosalsa zu, indem Sie gewürfelte Mango, fein gehackte rote Zwiebeln, fein gehackte rote Paprika, fein gehackte Jalapenopfeffer, Limettensaft, gehackten frischen Koriander und Salz in einer Schüssel vermischen. Zum Kombinieren gut vermischen.

f) Schneiden Sie das gegrillte Jerk Chicken in Scheiben und servieren Sie es mit einem großzügigen Löffel Mangosalsa darüber.

g) Servieren Sie das Jerk Chicken mit Mangosalsa als tropisch-würziges Hauptgericht.

h) Genießen Sie das kräftige und würzige Jerk-Gewürz gepaart mit der erfrischenden und fruchtigen Mango-Salsa!

51. Hawaiianische BBQ-Schweinerippchen

ZUTATEN:
- 2 Portionen Schweinerippchen
- 1 Tasse Ananassaft
- ½ Tasse Ketchup
- ¼ Tasse Sojasauce
- ¼ Tasse brauner Zucker
- 2 Esslöffel Reisessig
- 2 Knoblauchzehen, gehackt
- 1 Teelöffel geriebener Ingwer
- Salz und Pfeffer nach Geschmack

ANWEISUNGEN:

a) Den Ofen auf 163 °C (325 °F) vorheizen.

b) In einer Schüssel Ananassaft, Ketchup, Sojasauce, braunen Zucker, Reisessig, gehackten Knoblauch, geriebenen Ingwer, Salz und Pfeffer verrühren.

c) Legen Sie die Schweinerippchen in eine große Auflaufform oder einen Bräter.

d) Gießen Sie die Marinade über die Rippchen und achten Sie darauf, dass sie von allen Seiten bedeckt sind. Etwas Marinade zum Begießen aufbewahren.

e) Decken Sie die Form mit Alufolie ab und stellen Sie sie in den vorgeheizten Backofen.

f) Backen Sie die Rippchen etwa 2 Stunden lang oder bis sie zart sind und sich das Fleisch von den Knochen löst.

g) Entfernen Sie die Folie und bestreichen Sie die Rippchen mit der beiseite gestellten Marinade.

h) Erhöhen Sie die Ofentemperatur auf 400 °F (200 °C) und legen Sie die Rippchen ohne Deckel wieder in den Ofen.

i) Weitere 15–20 Minuten backen, oder bis die Rippchen schön karamellisiert und die Soße eingedickt ist.

j) Aus dem Ofen nehmen und die Rippchen vor dem Servieren einige Minuten ruhen lassen.

k) Servieren Sie die hawaiianischen BBQ-Schweinerippchen als tropisches und saftiges Hauptgericht.

l) Genießen Sie die zarten und aromatischen Rippchen mit der süß-würzigen BBQ-Glasur!

52.Karibisches Grillsteak mit Ananassalsa

ZUTATEN:
- 2 Pfund Flanksteak
- 2 Esslöffel karibisches Jerk-Gewürz
- 2 Esslöffel Pflanzenöl
- Salz und Pfeffer nach Geschmack

ANANAS SALSA:
- 1 Tasse gewürfelte Ananas
- ½ rote Zwiebel, fein gehackt
- ½ rote Paprika, fein gehackt
- ½ Jalapenopfeffer, Kerne und Rippen entfernt, fein gehackt
- Saft von 1 Limette
- 2 Esslöffel gehackter frischer Koriander
- Salz nach Geschmack

ANWEISUNGEN:

a) Heizen Sie den Grill oder die Grillpfanne auf mittlere bis hohe Hitze vor.

b) Reiben Sie das Flanksteak mit karibischem Jerk-Gewürz, Pflanzenöl, Salz und Pfeffer ein.

c) Grillen Sie das Steak etwa 4–6 Minuten pro Seite oder bis der gewünschte Gargrad erreicht ist. Lassen Sie es einige Minuten ruhen, bevor Sie es anschneiden.

d) Bereiten Sie in der Zwischenzeit die Ananassalsa zu, indem Sie gewürfelte Ananas, fein gehackte rote Zwiebeln, fein gehackte rote Paprika, fein gehackte Jalapenopfeffer, Limettensaft, gehackten frischen Koriander und Salz in einer Schüssel vermischen. Zum Kombinieren gut vermischen.

e) Schneiden Sie das gegrillte Steak gegen die Faser auf und servieren Sie es mit einem großzügigen Löffel Ananassalsa darüber.

f) Servieren Sie das karibische Grillsteak mit Ananassalsa als tropisches und würziges Hauptgericht.

TROPISCHE DESSERTS

53.Pavlova mit tropischen Früchten

ZUTATEN:
- 4 große Eiweiße bei Zimmertemperatur
- 1 Prise Salz
- 225 Gramm Puderzucker
- 2 Teelöffel Maismehl
- 1 Prise Weinstein
- 1 Teelöffel Weißweinessig
- 4 Tropfen Vanilleextrakt
- 2 Passionsfrucht
- Reife tropische Früchte wie Mango; Kiwi, Sternfrucht und Kapstachelbeeren
- 150 Milliliter Doppelrahm
- 200 Milliliter Creme Fraiche

ANWEISUNGEN :

a) Heizen Sie den Ofen auf 150 °C/300 °F/Gas 2 vor.

b) Ein Backblech mit antihaftbeschichtetem Backpapier auslegen und einen 22 cm großen Kreis aufzeichnen. Für das Baiser: Eiweiß und Salz in einer großen, sauberen Schüssel verquirlen, bis sich steife Spitzen gebildet haben.

c) Den Zucker jeweils zu einem Drittel einrühren und zwischen den einzelnen Zugaben gut verrühren, bis er steif und sehr glänzend ist. Maismehl, Weinstein, Essig und Vanilleextrakt darüberstreuen und vorsichtig unterheben.

d) Stapeln Sie das Baiser innerhalb des Kreises auf das Papier und achten Sie darauf, dass in der Mitte eine deutliche Vertiefung entsteht.

e) In den Ofen stellen und sofort die Hitze auf 120 °C/250 °F/Gas ¼ reduzieren und 1½–2 Stunden backen, bis es hellbraun, aber in der Mitte etwas weich ist. Den Ofen ausschalten, die Tür leicht geöffnet lassen und vollständig abkühlen lassen.

f) Für die Füllung: Die Passionsfrucht halbieren und das Fruchtfleisch herauslöffeln. Schälen und schneiden Sie die Früchte nach Bedarf in Scheiben.

g) Die Sahne in eine Schüssel geben und aufschlagen, bis sie dick ist, dann die Crème fraiche unterheben. Ziehen Sie das Papier von der Pavlova ab und legen Sie sie auf einen Teller.

h) Die Sahnemischung darauf verteilen, die Früchte darauf verteilen und mit dem Passionsfruchtmark abschließen. Sofort servieren.

54. Tropisches Margarita-Sorbet

ZUTATEN:
- 1 Tasse Zucker
- 1 Tasse Passionsfruchtpüree
- 1½ Pfund reife Mangos, geschält, entkernt und gewürfelt
- Abgeriebene Schale von 2 Limetten
- 2 Esslöffel Blanco (weißer) Tequila
- 1 Esslöffel Orangenlikör
- 1 Esslöffel leichter Maissirup
- ½ Teelöffel koscheres Salz

ANWEISUNGEN:

a) In einem kleinen Topf Zucker und Passionsfruchtpüree vermischen.

b) Bei mittlerer Hitze köcheln lassen und dabei umrühren, bis sich die Flüssigkeit auflöst

c) Zucker. Vom Herd nehmen und abkühlen lassen.

d) In einem Mixer die Passionsfruchtmischung, gewürfelte Mango, Limettenschale, Tequila, Orangenlikör, Maissirup und Salz vermischen. Pürieren, bis eine glatte Masse entsteht.

e) Gießen Sie die Mischung in eine Schüssel, decken Sie sie ab und stellen Sie sie mindestens 4 Stunden oder über Nacht in den Kühlschrank, bis sie kalt ist.

f) Einfrieren und in einer Eismaschine gemäß den Anweisungen des Herstellers umrühren.

g) Für eine weiche Konsistenz (meiner Meinung nach die beste), servieren Sie das Sorbet sofort; Um eine festere Konsistenz zu erhalten, füllen Sie es in einen Behälter, decken Sie es ab und lassen Sie es 2 bis 3 Stunden lang im Gefrierschrank aushärten.

55. Tropisches Kokos- und Ananas-Gelato

ZUTATEN:
- 1 Ei
- 50 Gramm Zucker
- 250 ml Kokosmilch
- 200 ml Sahne
- ½ einer ganzen Ananas. Frische Ananas
- 1 Rum

ANWEISUNGEN:

a) Verwenden Sie Ihre größte Schüssel, da Sie alle Zutaten in derselben Schüssel vermischen, in der Sie auch die Sahne schlagen.

b) Eigelb und Eiweiß trennen. Aus dem Eiweiß und der Hälfte des Zuckers ein steifes Baiser herstellen. Die andere Hälfte des Zuckers mit dem Eigelb vermischen und weiß rühren.

c) Schlagen Sie die Sahne auf, bis sich leicht weiche Spitzen bilden. Die Kokosmilch hinzufügen und leicht verrühren.

d) Die Ananas entweder fein hacken oder mit einem Mixer zu einer leicht groben Paste pürieren.

e) Die Vorbereitung ist zu diesem Zeitpunkt abgeschlossen. Es besteht kein Grund, zu präzise zu sein. Mischen Sie alles in die Schüssel mit Sahne und Kokosmilch. Außerdem das Baiser dazugeben und gut vermischen.

f) In eine Tupperware-Box füllen und zum Schluss einfrieren. Sie müssen es nicht zwischendurch umrühren.

g) Wenn Sie die Ananas zu einer glatten Paste zerkleinern, wird das Ergebnis seidiger und ähnelt eher echtem Gelato.

h) Sobald Sie das Gelato auf Serviertellern verteilt haben, versuchen Sie es mit einem kleinen Spritzer Rum darüberzugießen. Es schmeckt fantastisch, genau wie ein Piña-Colada-Cocktail.

56. Tropscher Trüffel

ZUTATEN:
- Drei 12-Unzen-Dosen Kondensmilch
- 4 Tassen Vollmilch
- 1 Tasse plus 2 Esslöffel Zucker
- 6 Leicht geschlagenes Eigelb
- 2 Esslöffel süßer Sherry oder Dessertwein
- 1 Teelöffel Vanille
- 1 Tasse geschnittene Erdbeeren
- 12 Scheiben Day Old Pound Cake oder 24
- Ladyfinger oder 36 Makronen
- 3 Mangos, geschält und in Scheiben geschnitten
- 5 Kiwis, geschält und in Scheiben geschnitten
- 1 Tasse halbierte kernlose rote Weintrauben

ANWEISUNGEN:

a) Milch in einem Topf bei schwacher Hitze erhitzen.

b) 1 Tasse Zucker und Eigelb hinzufügen und langsam verrühren, damit die Eier nicht verklumpen.

c) Unter ständigem Rühren weiterkochen, bis die Mischung sehr dick wird.

d) Nicht kochen lassen, sonst gerinnt es. Sherry und Vanille hinzufügen.

e) Vom Herd nehmen und abkühlen lassen. Beeren mit 2 Esslöffeln Zucker vermischen und beiseite stellen.

f) Eine Trifle-Form mit Kuchenstücken auslegen.

g) Gießen Sie die Hälfte der abgekühlten Vanillesoße über den Kuchen und fügen Sie dann die Hälfte der Früchte, einschließlich Beeren, hinzu.

h) Eine weitere Schicht Kuchen hinzufügen und mit der restlichen Vanillesoße und den Früchten belegen.

i) Bis zum Servieren kühl stellen. Bei Bedarf vor dem Servieren noch mehr Sherry über das Trifle streuen.

57. Tropisches gerolltes Eis

ZUTATEN:
- Gerolltes Vanilleeis
- 1½ Tassen aufgetaute gefrorene Mangostücke
- Gelbe Lebensmittelfarbe

BELAG
- Kokosschlagsahne, aufgetaut
- Frische Mango, gehackt
- Geröstete Kokosnusschips

ANWEISUNGEN:

a) Bereiten Sie Vanille-Rolleis wie angegeben zu, kombinieren Sie die Zutaten jedoch in einem Mixer mit 1 ½ Tassen aufgetauten gefrorenen Mangostücken und färben Sie sie mit gelber Lebensmittelfarbe.

b) Abdecken und glatt rühren.

c) Die gefrorenen Brötchen mit aufgetauter Kokosnuss-Schlagsahne, gehackter Mango und gerösteten Kokosnusschips belegen.

58. Tropisches Fruchtmousse

ZUTATEN:
- 1 Tasse ungesüßter Ananassaft
- 1 Tasse frischer Bio-Beerensaft
- 1 Tasse ungesüßte Schlagsahne

ANWEISUNGEN:
a) Bei starker Hitze erhitzen.
b) Die Hitze auf mittlere Stufe reduzieren und unter ständigem Rühren 5 Minuten köcheln lassen, bis die Mischung eindickt.
c) Vom Herd nehmen und vollständig abkühlen lassen.
d) Die Schlagsahne unter die abgekühlte Saftmischung heben.
e) In 6 einzelne Servierschalen füllen und im Kühlschrank aufbewahren, bis es abgekühlt ist.

59. Tropisches Fruchtsorbet

ZUTATEN:
- 2 Tassen geschälte und gehackte reife tropische Früchte
- 1 Tasse Zuckersirup
- 2 Limetten
- 1 Tasse Vollmilch oder Buttermilch

ANWEISUNGEN:
a) Pürieren oder mixen Sie die tropischen Früchte und drücken Sie sie dann durch ein feinmaschiges Sieb, wenn Sie eine glatte Konsistenz wünschen.
b) Den Zuckersirup, die fein abgeriebene Schale einer Limette und den Saft von beiden sowie die Milch unterrühren.
c) In einen Gefrierbehälter füllen und mit der Handrührmethode einfrieren , dabei beim Einfrieren zwei- oder dreimal aufschlagen.
d) Einfrieren, bis es fest ist, dann in halbierte, kleine Ananasschalen oder Servierschalen füllen und mit frisch geriebener Muskatnuss bestreuen.
e) Mit kleinen tropischen Früchten wie Litschi, Weintrauben oder gerösteten frischen Kokosraspeln servieren.
f) Dieses Eis kann bis zu 1 Monat eingefroren werden.
g) 10 Minuten vor dem Servieren aus dem Gefrierschrank nehmen, damit es weich wird.

60. Mango-Kokos-Chia-Eis am Stiel

ZUTATEN:
- 2 reife Mangos, geschält und entkernt
- 1 Tasse Kokosmilch
- 2 Esslöffel Honig oder Ahornsirup
- 2 Esslöffel Chiasamen

ANWEISUNGEN:

a) In einem Mixer die reifen Mangos, Kokosmilch und Honig oder Ahornsirup vermischen.

b) Mixen, bis eine glatte und cremige Masse entsteht.

c) Die Chiasamen einrühren und die Mischung 5 Minuten ruhen lassen, damit die Chiasamen eindicken.

d) Gießen Sie die Mango-Kokos-Chia-Mischung in Eis am Stiel-Formen.

e) Eis am Stiel hineinstecken und mindestens 4 Stunden einfrieren, bzw. bis es vollständig gefroren ist.

f) Sobald das Eis am Stiel gefroren ist, nehmen Sie es aus den Formen und genießen Sie an einem heißen Tag das tropische Mango-Kokos-Chia-Eis am Stiel!

61.Mango-Kokos-Panna Cotta

ZUTATEN:
- 1 Tasse Mangopüree
- 1 Tasse Kokosmilch
- ¼ Tasse Zucker
- 1 Teelöffel Vanilleextrakt
- 2 Teelöffel Gelatinepulver
- 2 Esslöffel Wasser

ANWEISUNGEN:
a) In einer kleinen Schüssel Gelatine über das Wasser streuen und 5 Minuten lang aufgehen lassen.
b) In einem Topf Mangopüree, Kokosmilch, Zucker und Vanilleextrakt bei mittlerer Hitze erhitzen, bis es zu köcheln beginnt.
c) Vom Herd nehmen und die aufgeblühte Gelatine einrühren, bis sie sich vollständig aufgelöst hat.
d) Gießen Sie die Mischung in einzelne Serviergläser oder Auflaufförmchen.
e) Mindestens 4 Stunden lang oder bis es fest ist im Kühlschrank lagern.
f) Gekühlt servieren und mit frischen Mangoscheiben oder Kokosraspeln garnieren.

62.Piña-Colada-Cupcakes

ZUTATEN:
- 1 ½ Tassen Allzweckmehl
- 1 ½ Teelöffel Backpulver
- ¼ Teelöffel Salz
- ½ Tasse ungesalzene Butter, weich
- 1 Tasse Kristallzucker
- 2 große Eier
- 1 Teelöffel Vanilleextrakt
- ½ Tasse Ananassaft aus der Dose
- ¼ Tasse Kokosmilch
- ¼ Tasse Kokosraspeln

ANWEISUNGEN:
a) Den Ofen auf 175 °C (350 °F) vorheizen und eine Muffinform mit Cupcake-Förmchen auslegen.
b) In einer Schüssel Mehl, Backpulver und Salz vermischen.
c) In einer separaten großen Schüssel Butter und Zucker cremig rühren, bis die Masse leicht und locker ist.
d) Die Eier nacheinander unterrühren, gefolgt vom Vanilleextrakt.
e) Die trockenen Zutaten nach und nach zu den feuchten Zutaten geben, abwechselnd mit Ananassaft und Kokosmilch.
f) Die Kokosraspeln unterheben.
g) Den Teig gleichmäßig auf die Cupcake-Förmchen verteilen.
h) 18–20 Minuten backen oder bis ein in die Mitte gesteckter Zahnstocher sauber herauskommt.
i) Aus dem Ofen nehmen und die Cupcakes vollständig abkühlen lassen.
j) Mit Kokosbuttercreme-Zuckerguss bestreichen und mit Ananasstücken und Kokosraspeln garnieren.

63. Passionsfrucht-Mousse

ZUTATEN:
- 1 Tasse Passionsfruchtmark (abgesiebt, um die Kerne zu entfernen)
- 1 Tasse Sahne
- ½ Tasse gesüßte Kondensmilch
- ½ Teelöffel Vanilleextrakt
- Frische Passionsfruchtkerne zum Garnieren (optional)

ANWEISUNGEN:
a) In einer Rührschüssel die Sahne schlagen, bis sich weiche Spitzen bilden.
b) In einer separaten Schüssel Passionsfruchtmark, gesüßte Kondensmilch und Vanilleextrakt vermischen. Gut mischen.
c) Die Schlagsahne vorsichtig unter die Passionsfruchtmischung heben, bis sie gut eingearbeitet ist.
d) Gießen Sie die Mischung in Serviergläser oder Auflaufförmchen.
e) Mindestens 2 Stunden lang oder bis es fest ist im Kühlschrank lagern.
f) Vor dem Servieren nach Belieben mit frischen Passionsfruchtkernen garnieren.
g) Genießen Sie die leichten und tropischen Aromen der Passionsfruchtmousse.

64. Mango-Klebreis

ZUTATEN:
- 1 Tasse Klebreis (Klebreis)
- 1 Tasse Kokosmilch
- ½ Tasse Kristallzucker
- ¼ Teelöffel Salz
- 2 reife Mangos, in Scheiben geschnitten
- Geröstete Sesamkörner zum Garnieren (optional)

ANWEISUNGEN:

a) Spülen Sie den Klebreis unter kaltem Wasser ab, bis das Wasser klar ist.

b) In einem Topf gespülten Reis, Kokosmilch, Zucker und Salz vermischen.

c) Kochen Sie die Mischung bei mittlerer bis niedriger Hitze und rühren Sie häufig um, bis der Reis die Flüssigkeit aufnimmt und klebrig und zart wird (ca. 20–25 Minuten).

d) Vom Herd nehmen und etwas abkühlen lassen.

e) Servieren Sie den Mango-Klebreis, indem Sie einen Haufen Klebreis auf einen Teller oder eine Schüssel legen und die geschnittenen Mangos darauf anrichten.

f) Für noch mehr Knusprigkeit und nussigen Geschmack mit gerösteten Sesamkörnern bestreuen.

65. Guaven-Käsekuchen

ZUTATEN:
FÜR DIE KRUSTE:
- 1 ½ Tassen Graham-Cracker-Krümel
- 1/4 Tasse geschmolzene Butter
- 2 Esslöffel Kristallzucker

FÜR DIE FÜLLUNG:
- 24 Unzen (680 g) Frischkäse, weich
- 1 Tasse Kristallzucker
- 3 große Eier
- 1 Teelöffel Vanilleextrakt
- 1 Tasse Guavenpaste, geschmolzen und abgekühlt

FÜR DAS GUAVEN-TOPPING:
- 1 Tasse Guavenpüree oder Guavensaft
- 1/4 Tasse Kristallzucker
- 1 Esslöffel Maisstärke
- 1 Esslöffel Wasser

ANWEISUNGEN:
a) Heizen Sie Ihren Backofen auf 325 °F (163 °C) vor. Eine Springform (23 cm) einfetten und beiseite stellen.

b) In einer mittelgroßen Schüssel die Graham-Cracker-Krümel, die geschmolzene Butter und den Kristallzucker für die Kruste vermischen. Gut vermischen, bis die Mischung nassem Sand ähnelt.

c) Die Krümelmasse gleichmäßig auf den Boden der vorbereiteten Springform drücken. Drücken Sie es mit der Rückseite eines Löffels oder eines Glases mit flachem Boden fest an.

d) In einer großen Rührschüssel Frischkäse und Kristallzucker verrühren, bis eine glatte, cremige Masse entsteht. Fügen Sie die Eier einzeln hinzu und schlagen Sie nach jeder Zugabe gut durch. Den Vanilleextrakt einrühren.

e) Die geschmolzene und abgekühlte Guavenpaste in die Frischkäsemischung gießen und gut verrühren. Stellen Sie sicher, dass keine Klumpen vorhanden sind.

f) Gießen Sie die Käsekuchenfüllung über den Boden in der Springform. Glätten Sie die Oberseite mit einem Spatel.

g) Stellen Sie die Springform auf ein Backblech, um mögliche Leckagen beim Backen aufzufangen. Im vorgeheizten Ofen etwa 55–

60 Minuten backen oder bis die Ränder fest sind und die Mitte leicht wackelt.

h) Den Käsekuchen aus dem Ofen nehmen und auf Zimmertemperatur abkühlen lassen. Anschließend mindestens 4 Stunden oder über Nacht in den Kühlschrank stellen, damit es vollständig fest wird.

i) Während der Käsekuchen abkühlt, bereiten Sie das Guaven-Topping vor. In einem Topf Guavenpüree oder Guavensaft, Kristallzucker, Maisstärke und Wasser vermischen. Gut umrühren, um die Maisstärke aufzulösen.

j) Stellen Sie den Topf auf mittlere Hitze und kochen Sie unter ständigem Rühren, bis die Mischung eindickt und leicht kocht. Vom Herd nehmen und abkühlen lassen.

k) Sobald der Käsekuchen vollständig abgekühlt und fest geworden ist, nehmen Sie ihn aus der Springform. Gießen Sie den Guavenbelag über den Käsekuchen und verteilen Sie ihn gleichmäßig.

l) Stellen Sie den Käsekuchen etwa eine Stunde lang in den Kühlschrank, damit der Guavenbelag fest wird.

66. Ananas-Upside-Down-Kuchen

ZUTATEN:
FÜR DEN BElag:
- ¼ Tasse ungesalzene Butter
- ⅔ Tasse brauner Zucker
- 1 Dose (20 oz) Ananasscheiben, abgetropft
- Maraschinokirschen zum Garnieren

FÜR DEN KUCHEN:
- 1 ½ Tassen Allzweckmehl
- 2 Teelöffel Backpulver
- ½ Teelöffel Salz
- ½ Tasse ungesalzene Butter, weich
- 1 Tasse Kristallzucker
- 2 große Eier
- 1 Teelöffel Vanilleextrakt
- ½ Tasse Ananassaft

ANWEISUNGEN:

a) Heizen Sie den Ofen auf 175 °C (350 °F) vor und fetten Sie eine runde 9-Zoll-Kuchenform ein.

b) In einem Topf die Butter für den Belag bei mittlerer Hitze schmelzen.

c) Den braunen Zucker einrühren, bis er sich aufgelöst hat und Blasen bildet.

d) Gießen Sie die Mischung in die gefettete Kuchenform und verteilen Sie sie gleichmäßig.

e) Ananasscheiben auf der braunen Zuckermischung anrichten. In die Mitte jeder Ananasscheibe eine Maraschinokirsche legen.

f) In einer Schüssel Mehl, Backpulver und Salz für den Kuchen vermischen.

g) In einer separaten großen Schüssel Butter und Zucker cremig rühren, bis die Masse leicht und locker ist.

h) Die Eier nacheinander unterrühren, gefolgt vom Vanilleextrakt.

i) Die trockenen Zutaten nach und nach zu den feuchten Zutaten geben, abwechselnd mit Ananassaft.

j) Den Teig über die Ananasscheiben in der Kuchenform gießen.

k) 40–45 Minuten backen oder bis ein in die Mitte gesteckter Zahnstocher sauber herauskommt.

l) Aus dem Ofen nehmen und den Kuchen 10 Minuten in der Form abkühlen lassen.

m) Den Kuchen auf einen Servierteller stürzen und die Form vorsichtig herausnehmen.

n) Servieren Sie den umgedrehten Ananaskuchen warm oder bei Zimmertemperatur und präsentieren Sie dabei den karamellisierten Ananasbelag.

67.Kokosnussmakronen

ZUTATEN:
- 2 ⅔ Tassen Kokosraspeln
- ⅔ Tasse gesüßte Kondensmilch
- 1 Teelöffel Vanilleextrakt

ANWEISUNGEN:
a) Heizen Sie den Ofen auf 163 °C (325 °F) vor und legen Sie ein Backblech mit Backpapier aus.
b) In einer Schüssel Kokosraspeln, gesüßte Kondensmilch und Vanilleextrakt vermischen. Gut vermischen, bis alles vollständig vermischt ist.
c) Lassen Sie mit einem Esslöffel oder einer Keksschaufel runde Häufchen der Kokosnussmischung in einem Abstand von etwa 5 cm auf das vorbereitete Backblech fallen.
d) 15–18 Minuten backen oder bis die Ränder goldbraun sind.
e) Aus dem Ofen nehmen und die Makronen einige Minuten auf dem Backblech abkühlen lassen.
f) Übertragen Sie die Makronen auf einen Rost, um sie vollständig abzukühlen.
g) Optional: Für mehr Süße und Geschmack geschmolzene Schokolade über die abgekühlten Makronen träufeln.
h) Servieren Sie die Kokosmakronen als köstliches und zähes tropisches Dessert.

68. Ananas-Kokos-Eis

ZUTATEN:
- 2 Tassen Kokosmilch aus der Dose
- 1 Tasse zerdrückte Ananas, abgetropft
- ½ Tasse Kristallzucker
- 1 Teelöffel Vanilleextrakt

ANWEISUNGEN:

a) In einem Mixer oder einer Küchenmaschine Kokosmilch, zerkleinerte Ananas, Zucker und Vanilleextrakt vermischen. Mischen, bis alles glatt und gut vermischt ist.

b) Gießen Sie die Mischung in eine Eismaschine und rühren Sie sie gemäß den Anweisungen des Herstellers um.

c) Sobald das Eis eine Softeis-Konsistenz erreicht hat, füllen Sie es in einen Behälter mit Deckel.

d) Frieren Sie das Eis einige Stunden lang ein, oder bis es fest ist.

e) Servieren Sie das Ananas-Kokos-Eis in Schalen oder Tüten und genießen Sie die tropischen Aromen.

69. Kokosnuss-Reispudding

ZUTATEN:
- 1 Tasse Jasminreis
- 2 Tassen Wasser
- 2 Tassen Kokosmilch
- ½ Tasse Kristallzucker
- ½ Teelöffel Salz
- ½ Teelöffel Vanilleextrakt
- Geröstete Kokosflocken zum Garnieren (optional)

ANWEISUNGEN:
a) In einem Topf Jasminreis und Wasser vermischen. Zum Kochen bringen, dann die Hitze reduzieren, abdecken und etwa 15 Minuten köcheln lassen, bis der Reis gar ist und das Wasser aufgesogen ist.
b) Kokosmilch, Kristallzucker, Salz und Vanilleextrakt zum gekochten Reis geben. Zum Kombinieren gut umrühren.
c) Kochen Sie die Mischung bei mittlerer Hitze und gelegentlichem Rühren 15–20 Minuten lang oder bis der Reis die Kokosmilch aufnimmt und der Pudding eindickt.
d) Vom Herd nehmen und etwas abkühlen lassen.
e) Den Kokosmilchreis warm oder gekühlt servieren.
f) Für zusätzliche Textur und Geschmack mit gerösteten Kokosflocken garnieren.

70.Mango-Kokos-Tarte

ZUTATEN:
FÜR DIE KRUSTE:
- 1 ½ Tassen Graham-Cracker-Krümel
- ¼ Tasse Kristallzucker
- ½ Tasse ungesalzene Butter, geschmolzen

FÜR DIE FÜLLUNG:
- 2 Tassen reife Mangostücke
- 1 Tasse Kokosmilch
- ½ Tasse Kristallzucker
- ¼ Tasse Maisstärke
- ¼ Teelöffel Salz
- ½ Tasse Kokosraspeln
- Geschnittene Mangos zum Garnieren (optional)

ANWEISUNGEN:

a) Heizen Sie den Ofen auf 175 °C (350 °F) vor und fetten Sie eine 9-Zoll-Tarteform ein.

b) In einer Schüssel Graham-Cracker-Krümel, Kristallzucker und geschmolzene Butter für die Kruste vermischen. Gut mischen.

c) Drücken Sie die Krustenmischung auf den Boden und die Seiten der Tarteform, sodass eine gleichmäßige Schicht entsteht.

d) Backen Sie die Kruste 10 Minuten lang, nehmen Sie sie dann aus dem Ofen und lassen Sie sie abkühlen.

e) In einem Mixer oder einer Küchenmaschine die Mangostücke glatt rühren.

f) Für die Füllung in einem Topf Kokosmilch, Kristallzucker, Maisstärke und Salz verrühren.

g) Kochen Sie die Mischung bei mittlerer Hitze und ständigem Rühren, bis sie eindickt und zum Kochen kommt.

h) Vom Herd nehmen und die gemischte Mango und die Kokosraspeln unterrühren.

i) Gießen Sie die Mango-Kokos-Füllung in die gebackene Kruste.

j) Glätten Sie die Oberseite mit einem Spatel.

k) Weitere 15–20 Minuten backen oder bis die Füllung fest ist und die Ränder goldbraun sind.

l) Aus dem Ofen nehmen und in der Pfanne vollständig abkühlen lassen.

m) Nach dem Abkühlen mindestens 2 Stunden in den Kühlschrank stellen, damit es abkühlt und fest wird.

n) Vor dem Servieren nach Belieben mit Mangoscheiben garnieren.

o) Schneiden Sie die Mango-Kokos-Tarte in Scheiben und servieren Sie sie als tropisches und cremiges Dessert.

71. Papaya-Limetten-Sorbet

ZUTATEN:
- 2 Tassen reife Papayastücke
- ½ Tasse Kristallzucker
- ¼ Tasse Wasser
- Saft von 2 Limetten
- Limettenschale zum Garnieren (optional)

ANWEISUNGEN:
a) In einem Mixer oder einer Küchenmaschine die Papayastücke glatt pürieren.
b) In einem Topf Kristallzucker und Wasser vermischen. Bei mittlerer Hitze erhitzen, bis sich der Zucker vollständig aufgelöst hat, sodass ein einfacher Sirup entsteht.
c) Vom Herd nehmen und den einfachen Sirup auf Raumtemperatur abkühlen lassen.
d) Mischen Sie in einer Schüssel den gemischten Papaya- und Limettensaft.
e) Den einfachen Sirup einrühren, bis alles gut vermischt ist.
f) Gießen Sie die Mischung in eine Eismaschine und rühren Sie sie gemäß den Anweisungen des Herstellers um.
g) Geben Sie das Sorbet in einen Behälter mit Deckel und frieren Sie es einige Stunden lang oder bis es fest ist, ein.
h) Servieren Sie das Papaya-Limetten-Sorbet in Schalen oder Kegeln.
i) Für einen zusätzlichen Zitrusgeschmack mit Limettenschale garnieren.

72.Kokos-Bananen-Pudding

ZUTATEN:
- 3 große reife Bananen
- 1 Dose (13,5 oz) Kokosmilch
- ½ Tasse Kristallzucker
- ¼ Tasse Maisstärke
- ¼ Teelöffel Salz
- 1 Teelöffel Vanilleextrakt
- ½ Tasse Kokosraspeln zum Garnieren (optional)

ANWEISUNGEN:
a) Die reifen Bananen in einem Mixer oder einer Küchenmaschine pürieren, bis eine glatte Masse entsteht.
b) In einem Topf Kokosmilch, Kristallzucker, Maisstärke und Salz verrühren.
c) Kochen Sie die Mischung bei mittlerer Hitze und ständigem Rühren, bis sie eindickt und zum Kochen kommt.
d) Vom Herd nehmen und die gemischten Bananen und den Vanilleextrakt unterrühren.
e) Gießen Sie den Kokos-Bananen-Pudding in Servierschüsseln oder Auflaufförmchen.
f) Mindestens 2 Stunden lang oder bis es abgekühlt und fest ist im Kühlschrank lagern.
g) Vor dem Servieren nach Belieben mit Kokosraspeln garnieren.
h) Genießen Sie die cremigen und tropischen Aromen des Kokos-Bananen-Puddings.

73.Ananas-Kokos-Crumble

ZUTATEN:
FÜR DIE FÜLLUNG:
- 4 Tassen frische Ananasstücke
- ¼ Tasse Kristallzucker
- 2 Esslöffel Maisstärke
- 1 Esslöffel frischer Zitronensaft

FÜR DEN CRUMBLE-TOPPING:
- 1 Tasse Allzweckmehl
- ½ Tasse Kristallzucker
- ½ Tasse ungesalzene Butter, geschmolzen
- ½ Tasse Kokosraspeln

ANWEISUNGEN:
a) Heizen Sie den Backofen auf 175 °C (350 °F) vor und fetten Sie eine Auflaufform ein.
b) In einer Schüssel Ananasstücke, Kristallzucker, Maisstärke und Zitronensaft für die Füllung vermischen. Gut vermischen, bis die Ananas bedeckt ist.
c) Die Ananasfüllung in die gefettete Auflaufform füllen.
d) In einer separaten Schüssel Allzweckmehl, Kristallzucker, geschmolzene Butter und Kokosraspeln für den Streuselbelag vermischen. Mischen, bis die Mischung groben Krümeln ähnelt.
e) Den Streuselbelag gleichmäßig über die Ananasfüllung in der Auflaufform streuen.
f) 30–35 Minuten backen, oder bis der Belag goldbraun ist und die Ananasfüllung Blasen bildet.
g) Aus dem Ofen nehmen und etwas abkühlen lassen.
h) Servieren Sie den Ananas-Kokos-Crumble warm mit einer Kugel Vanilleeis oder einem Klecks Schlagsahne für ein köstliches tropisches Dessert.

TROPISCHE GETRÄNKE

74. Tropisches Wasser

ZUTATEN:
- 1 frischer Zweig Minze oder Basilikum
- 1 Mandarine, geschält
- ½ Mango, geschält und gewürfelt
- Gefiltertes Wasser

ANWEISUNGEN:
a) Geben Sie Minze, Mandarine und Mango in einen Glaskrug.
b) Füllen Sie es mit gefiltertem Wasser auf.
c) 2 Stunden im Kühlschrank ziehen lassen.
d) In Serviergläser füllen.

75.Tropisches Paradies

ZUTATEN:
- 1 Kiwi, geschält und gehackt
- 1 Vanilleschote, der Länge nach aufschneiden
- ½ Mango, gewürfelt

ANWEISUNGEN:
a) Geben Sie Mango, Kiwi und Vanilleschote in einen 64-Unzen-Krug.
b) In gefiltertes Wasser oder Kokoswasser geben.
c) Vor dem Servieren kalt stellen.

76. Tropischer Eistee

ZUTATEN:
- 1 Tasse frischer Orangensaft
- 1 Tasse Ananas
- ½ Tasse Agavendicksaft
- 12 Tassen kochendes Wasser
- 12 Teebeutel
- 3 Tassen Zitronenlimonade

ANWEISUNGEN:
a) Geben Sie kochendes Wasser und Teebeutel in eine Teekanne.
b) Lassen Sie es ziehen.
c) In den Kühlschrank stellen, bis es abgekühlt ist.
d) Geben Sie den Ananas- und Orangensaft in Ihren Mixer.
e) Pürieren, bis die Mischung gleichmäßig und glatt ist.
f) Ananaspüree in den Krug geben.
g) Agavensirup und Zitronenlimonade untermischen.
h) Umrühren und gekühlt servieren.

77. Würziger tropischer grüner Smoothie

ZUTATEN:
- 2 Tassen dicht gepackte Spinatblätter
- 1 Tasse gefrorene Ananasstücke
- 1 Tasse gefrorene Mangostücke
- 1 kleine Mandarine, geschält und entkernt, oder Saft einer Limette
- 1 Tasse Kokoswasser
- ¼ Teelöffel Cayennepfeffer (optional)

ANWEISUNGEN:
a) Alle Zutaten in einen Mixer geben und auf hoher Stufe mixen, bis eine glatte Masse entsteht.
b) Kalt genießen.

78.Tropischer Mandarinen-Smoothie

ZUTATEN:
- 2 Mandarinen geschält und segmentiert
- ½ Tasse Ananas
- 1 gefrorene Banane

ANWEISUNGEN:
a) Mit ½ bis 1 Tasse Flüssigkeit vermischen.
b) Genießen

79. Tropischer Quinoa-Smoothie

ZUTATEN:
- ¼ Tasse gekochte Quinoa
- ¼ Tasse leichte Kokosmilch
- ⅓ Tasse gefrorene Mangostücke
- ⅓ Tasse gefrorene Ananasstücke
- ½ gefrorene Banane
- 1 Esslöffel ungesüßte Kokosraspeln
- 1 Esslöffel Kokosnusszucker, nach Geschmack
- ½ Teelöffel Vanille

ANWEISUNGEN:
a)   Alle Zutaten in einem Mixer glatt rühren.
b)   Passen Sie die Konsistenz Ihrem Geschmack an, indem Sie mehr Milch für einen dünneren Smoothie und Eis oder etwas Joghurt für einen dickeren Smoothie hinzufügen.
c)   Genießen!

80. Tropicala

ZUTATEN:
- ½ Tasse Ananas
- ½ mittelgroße Nabelorange geschält
- 10 Mandeln
- ¼ Tasse Kokosmilch
- Eine ¼-Zoll-Scheibe frischer Ingwer
- 1 Esslöffel frischer Zitronensaft
- ¼ Teelöffel gemahlene Kurkuma oder eine ¼-Zoll-Scheibe frisch
- 4 Eiswürfel

ANWEISUNGEN:

a) Alle Zutaten in einen Mixer geben und pürieren, bis eine glatte Masse entsteht.

81. Piña Colada

ZUTATEN:
- 2 Unzen Rum
- 2 Unzen Ananassaft
- 2 Unzen Kokoscreme
- Ananasspalte und Kirsche zum Garnieren

ANWEISUNGEN:
a) Füllen Sie einen Shaker mit Eiswürfeln.
b) Rum, Ananassaft und Kokoscreme in den Shaker geben.
c) Gut schütteln.
d) Die Mischung in ein mit Eis gefülltes Glas abseihen.
e) Mit einer Ananasspalte und Kirsche garnieren.
f) Servieren und genießen!

82. Erdbeer-Daiquiri

ZUTATEN:
- 2 Unzen Rum
- 1 Unze Limettensaft
- 1 Unze einfacher Sirup
- 4-5 frische Erdbeeren
- Eiswürfel
- Erdbeere zum Garnieren

ANWEISUNGEN:

a) In einem Mixer Rum, Limettensaft, Zuckersirup, frische Erdbeeren und Eiswürfel vermischen.

b) Mixen, bis eine glatte und cremige Masse entsteht.

c) Gießen Sie die Mischung in ein Glas.

d) Mit einer Erdbeere garnieren.

e) Servieren und genießen!

83. Tropische Margarita

ZUTATEN:
- 2 Unzen Tequila
- 1 Unze Limettensaft
- 1 Unze Orangensaft
- 1 Unze Ananassaft
- ½ Unze einfacher Sirup
- Limettenspalte und Salz zum Umranden (optional)

ANWEISUNGEN:
a) Falls gewünscht, füllen Sie den Rand des Glases mit Salz, indem Sie eine Limettenscheibe um den Rand reiben und sie in das Salz tauchen.
b) Füllen Sie einen Shaker mit Eiswürfeln.
c) Geben Sie Tequila, Limettensaft, Orangensaft, Ananassaft und Zuckersirup in den Shaker.
d) Gut schütteln.
e) Die Mischung in das vorbereitete, mit Eis gefüllte Glas abseihen.
f) Mit einer Limettenscheibe garnieren.
g) Servieren und genießen!

84. Blauer hawaiianischer Cocktail

ZUTATEN:
- 2 Unzen blauer Curaçao-Sirup
- 2 Unzen Ananassaft
- 1 Unze Kokoscreme
- Ananasscheibe und Kirsche zum Garnieren

ANWEISUNGEN:
a) Füllen Sie einen Shaker mit Eiswürfeln.
b) Blue-Curaçao-Sirup, Ananassaft und Kokoscreme in den Shaker geben.
c) Gut schütteln.
d) Die Mischung in ein mit Eis gefülltes Glas abseihen.
e) Mit einer Ananasscheibe und Kirsche garnieren.
f) Servieren und genießen Sie dieses lebendige alkoholfreie tropische Getränk!

85.Mango-Mojito-Cocktail

ZUTATEN:
- 1 reife Mango, geschält und gewürfelt
- 1 Unze Limettensaft
- 1 Unze einfacher Sirup
- 6-8 frische Minzblätter
- Mineralwasser
- Mangoscheibe und Minzzweig zum Garnieren

ANWEISUNGEN:
a) In einem Glas die Mangowürfel mit Limettensaft und Zuckersirup vermischen.
b) Eiswürfel und zerrissene Minzblätter hinzufügen.
c) Mit Sodawasser auffüllen.
d) Vorsichtig umrühren.
e) Mit einer Mangoscheibe und einem Minzzweig garnieren.
f) Servieren und genießen Sie diesen erfrischenden Mocktail!

86. Kokoslimonade

ZUTATEN:
- 1 Tasse Kokoswasser
- ¼ Tasse Limettensaft
- 2 Esslöffel einfacher Sirup
- Limettenscheiben und Minzblätter zum Garnieren

ANWEISUNGEN:

a) Kombinieren Sie in einem Krug Kokoswasser, Limettensaft und Zuckersirup.
b) Zum Mischen gut umrühren.
c) Eiswürfel in die Serviergläser geben.
d) Gießen Sie die Kokoslimonade über das Eis in jedem Glas.
e) Mit Limettenscheiben und Minzblättern garnieren.
f) Vor dem Servieren vorsichtig umrühren.
g) Genießen Sie die erfrischenden und würzigen Aromen dieses tropischen Limetten-Cocktails!

87.Tropische Sangria

ZUTATEN:
- 1 Flasche Weißwein
- 1 Tasse Ananassaft
- ½ Tasse Orangensaft
- ¼ Tasse Rum
- 2 Esslöffel einfacher Sirup
- Verschiedene tropische Früchte
- Limonade (optional)
- Minzblätter zum Garnieren

ANWEISUNGEN:

a) In einem großen Krug Weißwein, Ananassaft, Orangensaft, Rum und Zuckersirup vermischen.

b) Zum Mischen gut umrühren.

c) Geben Sie die geschnittenen tropischen Früchte in den Krug.

d) Mindestens 1 Stunde im Kühlschrank lagern, damit sich die Aromen vermischen.

e) Zum Servieren die tropische Sangria in mit Eis gefüllte Gläser füllen.

f) Bei Bedarf mit einem Spritzer Limonade auffüllen, damit es prickelt.

g) Mit Minzblättern garnieren.

h) Nippen und genießen Sie die fruchtige und erfrischende tropische Sangria!

88. Wassermelonen-Limetten-Kühler

ZUTATEN:
- 2 Tassen frische Wassermelone, gewürfelt
- Saft von 2 Limetten
- 2 Esslöffel Honig
- 1 Tasse Mineralwasser
- Wassermelonenscheiben und Minzzweige zum Garnieren

ANWEISUNGEN:
a) Die frische Wassermelone in einem Mixer pürieren, bis eine glatte Masse entsteht.
b) Den Wassermelonensaft in einen Krug abseihen, um das Fruchtfleisch zu entfernen.
c) Limettensaft und Honig in den Krug geben.
d) Gut umrühren, um den Honig aufzulösen.
e) Geben Sie kurz vor dem Servieren Mineralwasser in den Krug und rühren Sie vorsichtig um.
f) Gießen Sie den Wassermelonen-Limetten-Kühler in mit Eis gefüllte Gläser.
g) Mit Wassermelonenscheiben und Minzzweigen garnieren.
h) Nippen und genießen Sie diesen erfrischenden und feuchtigkeitsspendenden tropischen Kühler!

89.Mango-Grüntee

ZUTATEN:
- 2 Tassen aufgebrühter grüner Tee, abgekühlt
- 1 Tasse reife Mangostücke
- 1 Esslöffel Honig (optional)
- Eiswürfel
- Mangoscheiben zum Garnieren

ANWEISUNGEN:
a) In einem Mixer die reifen Mangostücke glatt rühren.
b) In einem Krug den aufgebrühten grünen Tee und das Mangopüree vermischen.
c) Zum Mischen gut umrühren.
d) Falls gewünscht, fügen Sie Honig hinzu, um den Tee zu süßen.
e) Serviergläser mit Eiswürfeln füllen.
f) Gießen Sie den Mango-Grüntee über das Eis in jedes Glas.
g) Mit Mangoscheiben garnieren.
h) Vor dem Servieren vorsichtig umrühren.
i) Genießen Sie die tropischen Aromen dieses erfrischenden Mango-Grüntees!

90. Tropischer Punsch

ZUTATEN:
- 2 Tassen Ananassaft
- 1 Tasse Orangensaft
- ½ Tasse Cranberrysaft
- ¼ Tasse Limettensaft
- 2 Tassen Ginger Ale
- Ananasscheiben und Orangenscheiben zum Garnieren

ANWEISUNGEN:
a) In einem Krug Ananassaft, Orangensaft, Cranberrysaft und Limettensaft vermischen.
b) Zum Mischen gut umrühren.
c) Kurz vor dem Servieren Ginger Ale in den Krug geben und vorsichtig umrühren.
d) Serviergläser mit Eiswürfeln füllen.
e) Gießen Sie den tropischen Punsch über das Eis in jedem Glas.
f) Mit Ananasscheiben und Orangenscheiben garnieren.
g) Vor dem Servieren vorsichtig umrühren.
h) Genießen Sie die fruchtigen und tropischen Aromen dieses erfrischenden Punschs!

91. Hibiskus-Eistee

ZUTATEN:
- 4 Tassen Wasser
- 4 Hibiskus-Teebeutel
- ¼ Tasse Honig oder Zucker (je nach Geschmack anpassen)
- Zitronenscheiben und Minzblätter zum Garnieren

ANWEISUNGEN:
a) In einem Topf Wasser zum Kochen bringen.
b) Vom Herd nehmen und Hibiskus-Teebeutel hinzufügen.
c) Lassen Sie den Tee 10–15 Minuten ziehen.
d) Entfernen Sie die Teebeutel und rühren Sie Honig oder Zucker ein, bis er sich aufgelöst hat.
e) Lassen Sie den Tee auf Raumtemperatur abkühlen und stellen Sie ihn dann in den Kühlschrank, bis er abgekühlt ist.
f) Serviergläser mit Eiswürfeln füllen.
g) Gießen Sie den Hibiskus-Eistee über das Eis in jedem Glas.
h) Mit Zitronenscheiben und Minzblättern garnieren.
i) Vor dem Servieren vorsichtig umrühren.
j) Nippen und genießen Sie den lebendigen und erfrischenden Hibiskustee!

92.Tropischer Eiskaffee

ZUTATEN:
- 1 Tasse gebrühter Kaffee, gekühlt
- ½ Tasse Kokosmilch
- ¼ Tasse Ananassaft
- 1 Esslöffel Honig oder Zucker (je nach Geschmack anpassen)
- Eiswürfel

ANWEISUNGEN:
a) Kombinieren Sie in einem Glas gekühlten Kaffee, Kokosmilch, Ananassaft und Honig oder Zucker.
b) Gut umrühren, um den Süßstoff zu vermischen und aufzulösen.
c) Füllen Sie ein separates Glas mit Eiswürfeln.
d) Gießen Sie den tropischen Eiskaffee über das Eis.
e) Vor dem Servieren vorsichtig umrühren.
f) Genießen Sie die tropische Note eines klassischen Eiskaffees!

TROPISCHE GEWÜRZE

93.Ananas-Papaya-Salsa

ZUTATEN:
- 2 Tassen gehackte frische Ananas
- 1 reife Papaya, geschält, entkernt und in 1/4-Zoll-Würfel geschnitten
- 1/2 Tasse gehackte rote Zwiebel
- 1/4 Tasse gehackter frischer Koriander oder Petersilie
- 2 Esslöffel frischer Limettensaft
- 1 Teelöffel Apfelessig
- 2 Teelöffel Zucker
- 1/4 Teelöffel Salz
- 1 kleine scharfe rote Chilischote, entkernt und gehackt

ANWEISUNGEN:
a) In einer Glasschüssel alle Zutaten vermischen, gut vermischen, abdecken und vor dem Servieren 30 Minuten bei Zimmertemperatur stehen lassen oder bis zur Verwendung im Kühlschrank aufbewahren.
b) Diese Salsa schmeckt am besten, wenn sie am selben Tag verwendet wird, an dem sie zubereitet wird. Bei richtiger Lagerung ist sie jedoch bis zu 2 Tage haltbar.

94. Mango Salsa

ZUTATEN:
- 2 reife Mangos, gewürfelt
- ½ Tasse gewürfelte rote Paprika
- ¼ Tasse gewürfelte rote Zwiebel
- 1 Jalapenopfeffer, entkernt und fein gehackt
- Saft von 1 Limette
- 2 Esslöffel gehackter frischer Koriander
- Salz und Pfeffer nach Geschmack

ANWEISUNGEN:
a) In einer Schüssel gewürfelte Mangos, rote Paprika, rote Zwiebeln, Jalapenopfeffer, Limettensaft und Koriander vermischen.
b) Gut vermischen und mit Salz und Pfeffer würzen.
c) Mit Tortillachips oder als Belag für gegrilltes Hähnchen oder Fisch servieren.
d) Genießen Sie die erfrischende und würzige Mango-Salsa!

95.Kokos-Koriander-Chutney

ZUTATEN:
- 1 Tasse frische Korianderblätter
- ½ Tasse Kokosraspeln
- 1 grüne Chili, entkernt und gehackt
- 2 Esslöffel Zitronensaft
- 1 Esslöffel geröstete Chana Dal (gespaltene Kichererbsen)
- 1 Esslöffel Kokosraspeln (optional)
- Salz nach Geschmack

ANWEISUNGEN:
a) In einem Mixer oder einer Küchenmaschine Korianderblätter, Kokosraspeln, grünes Chili, Zitronensaft, geröstetes Chana Dal, Kokosraspeln (falls verwendet) und Salz vermischen.
b) Mischen, bis eine glatte und cremige Konsistenz entsteht.
c) Passen Sie Salz und Zitronensaft nach Ihrem Geschmack an.
d) In eine Servierschüssel umfüllen und bis zur Verwendung im Kühlschrank aufbewahren.
e) Als Dip für Samosas, Dosas oder als Aufstrich für Sandwiches servieren.

96. Tamarinden-Chutney

ZUTATEN:
- 1 Tasse Tamarindenmark
- 1 Tasse Jaggery oder brauner Zucker
- 1 Teelöffel Kreuzkümmelpulver
- 1 Teelöffel gemahlener Ingwer
- ½ Teelöffel rotes Chilipulver
- Salz nach Geschmack

ANWEISUNGEN:

a) In einem Topf das Tamarindenmark, Jaggery oder braunen Zucker, Kreuzkümmelpulver, gemahlenen Ingwer, rotes Chilipulver und Salz vermischen.

b) 1 Tasse Wasser hinzufügen und die Mischung zum Kochen bringen.

c) Reduzieren Sie die Hitze auf eine niedrige Stufe und lassen Sie das Chutney unter gelegentlichem Rühren etwa 15–20 Minuten köcheln, bis es eindickt.

d) Vom Herd nehmen und vollständig abkühlen lassen.

e) Nach dem Abkühlen in ein Glas umfüllen und im Kühlschrank aufbewahren.

f) Verwenden Sie es als Dip für Samosas und Pakoras oder als Gewürz für Chaat-Gerichte.

97.Passionsfruchtbutter

ZUTATEN:
- 1 Tasse ungesalzene Butter, weich
- ¼ Tasse Passionsfruchtmark
- 2 Esslöffel Puderzucker
- 1 Teelöffel Vanilleextrakt

ANWEISUNGEN:
a) In einer Rührschüssel die weiche Butter, das Passionsfruchtmark, den Puderzucker und den Vanilleextrakt vermischen.
b) Verwenden Sie einen Elektromixer oder einen Schneebesen, um die Zutaten zu vermischen, bis sie gut vermischt und glatt sind.
c) Geben Sie die Passionsfruchtbutter in ein Glas oder einen luftdichten Behälter.
d) Mindestens 1 Stunde im Kühlschrank lagern, damit sich die Aromen vermischen.
e) Verteilen Sie die Passionsfruchtbutter auf Toast oder Pfannkuchen oder verwenden Sie sie als Belag für Desserts.

98. Papayasamen-Dressing

ZUTATEN:
- ¼ Tasse Papayasamen
- ¼ Tasse Olivenöl
- 2 Esslöffel Weißweinessig
- 1 Esslöffel Honig
- 1 Teelöffel Dijon-Senf
- Salz und Pfeffer nach Geschmack

ANWEISUNGEN:
a) In einem Mixer oder einer Küchenmaschine Papayasamen, Olivenöl, Weißweinessig, Honig, Dijon-Senf, Salz und Pfeffer vermischen.
b) Mischen, bis das Dressing glatt ist und die Papayakerne gut eingearbeitet sind.
c) Abschmecken und bei Bedarf nachwürzen.
d) Geben Sie das Papayasamen-Dressing in eine Flasche oder ein Glas mit dicht schließendem Deckel.
e) Vor Gebrauch gut schütteln.
f) Das Dressing über Salate träufeln oder als Marinade für gegrilltes Fleisch oder Gemüse verwenden.

99.Guaven-BBQ-Sauce

ZUTATEN:

- 1 Tasse Guavenpaste
- ½ Tasse Ketchup
- 2 Esslöffel Sojasauce
- 2 Esslöffel Apfelessig
- 1 Esslöffel brauner Zucker
- 1 Esslöffel Worcestershire-Sauce
- 1 Teelöffel geräuchertes Paprikapulver
- ½ Teelöffel Knoblauchpulver
- Salz und Pfeffer nach Geschmack

ANWEISUNGEN:

a) In einem Topf Guavenpaste, Ketchup, Sojasauce, Apfelessig, braunen Zucker, Worcestershire-Sauce, geräuchertes Paprikapulver, Knoblauchpulver, Salz und Pfeffer vermischen.
b) Bei schwacher Hitze unter ständigem Rühren kochen, bis die Guavenpaste schmilzt und die Sauce eindickt.
c) Abschmecken und bei Bedarf nachwürzen.
d) Vom Herd nehmen und die Guaven-BBQ-Sauce abkühlen lassen.
e) In ein Glas oder eine Flasche umfüllen und bis zur Verwendung im Kühlschrank aufbewahren.
f) Verwenden Sie die Sauce als Glasur für gegrilltes Hähnchen oder Rippchen oder als Dip für Fleischbällchen oder Spieße.

100.Mango-Habanero-Sauce

ZUTATEN:
- 2 reife Mangos, geschält und gehackt
- 2 Habanero-Paprikaschoten, entkernt und gehackt
- ¼ Tasse weißer Essig
- 2 Esslöffel Limettensaft
- 2 Esslöffel Honig
- 1 Teelöffel Knoblauchpulver
- Salz nach Geschmack

ANWEISUNGEN:
a) In einem Mixer oder einer Küchenmaschine die gehackten Mangos, Habanero-Paprika, weißen Essig, Limettensaft, Honig, Knoblauchpulver und Salz vermischen.
b) Mischen, bis eine glatte Soßenkonsistenz entsteht.
c) Geben Sie die Mischung in einen Topf und lassen Sie sie bei mittlerer Hitze köcheln.
d) Reduzieren Sie die Hitze auf eine niedrige Stufe und lassen Sie es unter gelegentlichem Rühren etwa 10–15 Minuten kochen.
e) Vom Herd nehmen und die Sauce vollständig abkühlen lassen.
f) Füllen Sie die Mango-Habanero-Sauce in ein Glas oder eine Flasche mit dicht schließendem Deckel.
g) Bis zur Verwendung im Kühlschrank aufbewahren.
h) Verwenden Sie die Sauce als würzige Würze für Grillfleisch und Sandwiches oder als Dip für Frühlingsrollen oder Chicken Wings.

ABSCHLUSS

Zum Abschluss unserer Reise durch „Das ultimative Fest der tropischen Küche" hoffen wir, dass Sie die Freude und Lebendigkeit erlebt haben, die die tropische Küche auf den Tisch bringt. Jedes Rezept auf diesen Seiten ist eine Hommage an die sonnenverwöhnten Aromen, exotischen Zutaten und die festliche Stimmung, die das tropische kulinarische Erlebnis ausmachen.

Ganz gleich, ob Sie erfrischende Getränke auf Kokosnussbasis genossen, die aromatischen Gewürze karibisch inspirierter Gerichte genossen oder sich an der Süße tropischer Fruchtdesserts erfreuen, wir sind davon überzeugt, dass diese 100 köstlichen Rezepte einen Hauch vom Paradies in Ihre Küche gebracht haben. Möge die Essenz tropischer Feste über die Zutaten und Techniken hinaus in Ihren Mahlzeiten spürbar sein und Ihren kulinarischen Unternehmungen einen Hauch von Freude verleihen.

Möge dieses Kochbuch Sie dazu inspirieren, Ihre Mahlzeiten mit der lebendigen Energie und den Aromen sonniger Küsten zu bereichern, während Sie weiterhin die vielfältige Vielfalt der tropischen Küche erkunden. Auf zur ultimativen Feier der tropischen Küche, bei der jedes Gericht eine kulinarische Flucht ins Paradies darstellt. Ein Hoch darauf, die Wärme und Freude der Tropen auf Ihren Tisch zu bringen!

www.ingramcontent.com/pod-product-compliance
Lightning Source LLC
Chambersburg PA
CBHW071334110526
44591CB00010B/1144